철학의

철학의 위안

De consolatione philosophiae

보에티우스 지음 | 이세운 옮김

P 필로소픽

일러두기

1. 이 역서의 저본은 클라우디오 모레스키니Claudio Moreschini가 편집한 라틴어본 《De consola tione philosophiae: Opuscula theologica》(K. G. Saur, 2005)이다. 주석은 모레스키니의 《La consolazione della filosofia》(UTET, 2006)와 요아힘 그루버Joachim Gruber의 《Kom mentar zu Boethius, De Consolatione Philosophiae》(Walter de Gruyter, 2006)를 주로 참고하였다. 번역본으로는 위의 모레스키니의 이탈리아어 번역본과 테스터S. J. Tester의 영어 번역 《The Consolation of Philosophy》(Harvard University Press, 1978), 그리고 정의채와 박병덕의 우리말 번역을 참고하였다.

2. 라틴어 표기의 경우 학계에서 일반적으로 통용되는 고전 라틴어 발음대로 표기하였다. 고전 라 틴어는 알파벳을 발음기호처럼 읽으면 된다. 다만 Caesar와 같은 단어에서 ae는 '아이'로 소리 나기 때문에 카이사르라고 읽어야 하며, oe 역시 이중모음으로 '오이'라고 발음된다. 다만 보에 티우스Boethius의 이름에서 oe는 원래 이중모음이 아니기 때문에 보이티우스가 아니라 보에티 우스라고 발음한다. v 발음의 경우 원칙적으로는 u와 같이 소리 내야 하나 일반적인 인식 때문 에 필요한 경우 영어의 v 발음과 동일하게 표기하였다. 첨언하자면 lyra와 같이 희랍어에 어원 을 둔 단어의 경우 외래어 표기법에 따르면 '리라'라고 읽어야 하나 원래 희랍어의 윕실론(υ)은 '위'라고 발음하기 때문에 '뤼라'라고 표기한 부분들이 있다.

3. 주석이나 서문에서 작품들을 언급할 때는 우리말 번역본이 있는 경우 번역서의 제목을 따랐다. 번역본이 없는 경우에는 역자가 임의로 번역한 제목에 원어를 병기하였다.

차례

1. 보에티우스의 삶[1]

보에티우스는 서기 475년에서 477년 사이에 태어난 것으로 알려져 있다. 보에티우스의 정식 이름은 아니키우스 만리우스 토르콰투스 세베리누스 보에티우스Anicius Manlius Torquatus Severinus Boethius이다. 이름을 보면 그가 당시 상당히 유력했던 아니키우스 가문 출신임을 알 수 있다. 보에티우스의 아버지는 당시 콘술consul[2]을 지내기도 했다. 아버지가 죽은 후 그는 또 다른 유력 가문 중 하나였던 쉼마쿠스Symmachus 가문으로 입양되었다. 후에 보에티우스는 쉼마쿠스의 딸인 루스티키아나와 결혼하였고, 쉼마쿠스는 그의 삶에서 롤모델로 지대한 영향을 끼친다.

---

1 보에티우스의 삶과 작품 세계에 관해서는 모레스키니의 《La consolazione della filoso-fia》(Unione Tipografico-Editrice Torinese, 2006) 서문과 존 머린번(John Marenbon)의 《The Cambridge Companion to Boethius》(Cambridge University Press, 2009), 쟌 비아조 콘테(Gian Biagio Conte)가 쓰고 조지프 솔로다우(Joseph Solodow)가 옮긴 《Latin Literature》(Johns Hopkins University Press, 1997), 그리고 《Oxford Classical Dictionary》(Oxford University Press, 2003) 등을 참조하여 정리하였다.
2 콘술은 로마 공화정 시대의 최고 관직이다. 흔히 집정관이라고 번역하지만 로마 시대에도 콘술의 역할이 계속 바뀌었기 때문에 집정관이라는 번역어를 쓰지 않았다.

보에티우스가 태어난 시기는 서로마의 마지막 황제였던 로물루스 아우구스툴루스가 용병대장 오도아케르에 의해 폐위당하던 때와 맞물린다.[3] 당시 황제의 폐위는 그저 상징적인 일에 불과했다. 이미 수십 년간 서로마는 이민족의 군대에 의존하여 국가를 방어하던 상태였는데 용병대장이었던 오도아케르가 자신의 병사들에게 땅을 지급해 달라고 요청하자 서로마 황제는 이를 거절했는데, 이를 빌미로 오도아케르는 권력이 누구에게 있는지를 분명히 보여준 것일 뿐이었다. 이러한 일련의 사태가 당시 보에티우스 가문과 같은 귀족들이 이제는 이민족의 법에 따라야 한다는 것을 의미했던 것은 아니었다. 395년 이후로 로마는 동로마와 서로마로 갈라져 두 명의 황제가 있었는데, 오도아케르가 이러한 상황에서 자신이 새로운 황제임을 자처한 것은 아니었다. 그는 단순히 이민족 병사들의 왕이었을 뿐 여전히 동로마 황제인 제논의 통치권 아래 있던 로마인들의 왕은 아니었던 것이다. 따라서 여전히 로마인들은 로마의 법제도 통치 하에 있었다.

하지만 제논마저도 오도아케르의 지위를 인정하지 않겠다고 결정했다. 이는 아마도 동로마 쪽에서는 상당히 성가신 존재였던 테오도리쿠스[4]와 그의 동고트 병사들을 이탈리아 침공을 명분으로 보내 버릴 기회였기 때문인 것으로 보인다. 489년 테오도리쿠스

---

3 서기 476년 8월 서로마의 게르만족 용병대장이었던 오도아케르는 서로마 황제 로물루스 아우구스툴루스를 폐위했다.

4 테오도리쿠스는 동로마 제국 내에 거주하던 동고트족의 지도자였으며 제논은 그를 로마 콘술로 임명하여 이탈리아로 보냈다. 후일 이탈리아에 동고트 왕국을 건설하고 초대 왕이 되었다.

는 이탈리아를 공격했고 4년 후에 오도아케르를 패퇴시켰으며 결국 죽음으로 몰아넣었다. 이후 서로마의 어떤 이들은 테오도리쿠스를 동로마에서 독립한 서로마의 황제처럼 이야기하기도 했으나, 그는 오도아케르가 했던 것과 마찬가지로 스스로를 동고트의 왕이라 칭하였으며 동고트의 법을 로마인들에게 강요하지는 않았다. 게다가 테오도리쿠스는 아리우스주의[5]를 따르는 기독교인이었지만 가톨릭을 믿고 있던 로마의 기독교인들을 아리우스파로 개종시키려는 시도 역시 하지 않았다. 콘스탄티노플에서 교육을 받아 로마의 지식인들을 동경하던 테오도리쿠스는 귀족 가문들의 독립성과 자유를 보장해 주었고 이런 대우 덕에 귀족들은 수백 년간 누려 왔던 것보다도 나은 상황을 맞게 되었다.

하지만 분명 긴장감이 팽배해 있었다. 테오도리쿠스와 동로마 황제의 관계가 굉장히 불분명하고 미묘한 상태였기 때문이다. 테오도리쿠스가 서로마를 통치하던 무렵 서로마 교회는 아카키우스 분열[6]이라는 사건으로 동로마 교회와 분리되었다. 이 분열은 519년에 해소되었지만 테오도리쿠스는 오도아케르가 동로마 황제에게 당했던 것처럼 자신도 제거당할 가능성을 무시할 수 없었으므로 서로마 교회를 지지하게 된다.

보에티우스 시절에 제국의 수도는 라벤나[7]였다. 로마에서는 오

---

5 아리우스주의는 알렉산드리아 출신의 사제인 아리우스에서 시작된 기독교 사상으로 성부, 성자, 성령 중에서 성부만이 참된 신이며 성자와 성령은 피조물이라는 가르침을 따른다.
6 콘스탄티노플의 총대주교인 아카키우스와 로마 교황 사이의 분쟁. 교리상의 차이로부터 시작되었으며 후일 해소되긴 하였으나 결국 가톨릭과 그리스 정교가 갈라서게 되는 계기가 되었다. 484년에 시작되어 519년에 끝났다.
7 로마에서 약 320킬로미터 정도 떨어진 이탈리아 북동부의 도시.

랫동안 전해 내려오던 방식 그대로 행정이나 관직이 유지되고 있기는 했지만 권력은 오직 라벤나의 궁정 안에만 있었다고 봐야 한다. 그러다 보니 보에티우스와 같은 귀족들은 자신이 원하는 삶에 따라 두 곳 중에 하나를 골라서 살았다. 도시 로마를 주 생활 무대로 삼아 개인적인 생활을 즐기거나, 아니면 라벤나에서 정치에 몸을 담았다.[8] 보에티우스는 젊은 시절부터 로마에서 지내며 여가를 즐기는 편을 택했지만 그 생활이 나름대로 공적인 명예를 가져다주기도 했다. 보에티우스는 510년에 콘술을 지냈으며 그의 두 아들 역시 522년에 함께 콘술 자리를 차지했는데, 이는 유례가 없는 일이었다. 콘술 임기를 마친 보에티우스는 로마 장관직praefectus urbi을 지내게 된다. 그는 때때로 테오도리쿠스에게서 물시계와 해시계를 만들거나 재정 남용을 조사하는 일 같은 작은 임무를 받기도 했으며, 당시 종교 논쟁에도 참여했던 것으로 보인다. 하지만 그가 무엇보다도 가장 공들여 했던 일은 저작과 번역이었다. 그가 다룬 학문의 범위는 대단히 넓어서 4학(산술, 기하, 음악, 천문)과 관련된 수학 관련 저작에서부터 아리스토텔레스의 논리학, 신학 및 철학적인 주제까지 아우른다.

보에티우스는 두 아들이 함께 콘술이 되었던 522년에 삶의 방향을 조금 틀어 라벤나에서 행정관장magister officiorum을 맡아 본격적으로 정치가의 삶을 살았다. 그렇게 해서 그는 테오도리쿠스에게 가장 중요한 인물이 되었으며 테오도리쿠스의 궁정에서 고트족의 왕과 다른 행정관들 사이의 중재자 역할을 맡게 되었다. 하지만

---

8 이는 테오도리쿠스가 로마의 정치 체제를 개편하지 않고 놔뒀기 때문에 가능한 일이었다.

얼마 지나지 않아 행운은 끝나고 몰락이 시작된다. 《철학의 위안》에도 언급되어 있듯 부정을 용납하지 않고 약자를 돕는 그의 곧은 성품으로 말미암아 많은 사람들의 질시와 미움을 사게 된 것이다.

하지만 그를 몰락의 길로 걷게 한 가장 중요한 사건은 바로 퀴프리아누스가 원로원 의원인 알비누스를 고소했던 일이었다. 알비누스는 콘스탄티노플의 동로마 황제 유스티누스를 지지하는 무리들과 엮여 테오도리쿠스에 대한 반역죄로 고소당한다. 이 사건에서 보에티우스는 행정관장으로서 아마 알비누스에 대한 판결을 내려야 하는 배심원단에 포함되었을 것으로 보이는데, 그는 알비누스를 변호하는 입장을 취했다. 이 때문에 그는 오히려 로마인의 자유를 열망하는 편지를 썼으며[9] 알비누스의 반역에 관련된 증거를 은폐하고 사악한 마술에 홀려 있다는 이유로 고소를 당하게 되었다. 물론 이 모든 고소는 거짓에 근거한 것이었다. 만약 알비누스에 대한 고소가 잘못되면 모든 책임을 뒤집어쓰게 될까 봐 두려웠던 퀴프리아누스가 날조한 것이었다. 보에티우스는 알비누스와 관련된 일에서 자신이 원로원의 대변자이자 비호자라고 생각하고 있었으나 문제는 원로원이 그의 보호를 원치 않았다는 데 있었다. 결국 테오도리쿠스는 그에게 유죄를 선고하여, 보에티우스는 재산을 몰수당하고 유배와 사형 판결을 받았다. 사형이 집행된 정확한 날짜는 불분명하지만[10] 그가 추방되어 구금된 기간은 잘 알려져 있듯 《철학의 위안》을 쓸 정도는 되었던 것으로 보인다. 이후

---

9   실제로는 그렇지 않았다 해도 겉으로는 로마인들이 분명 동고트의 지배 하에 있는 것으로 보였기 때문에 이러한 내용의 편지를 썼다는 것은 쉽게 넘어갈 수 있는 문제는 아니었다.
10   아마도 526년인 것으로 보인다. 하지만 524년이나 525년이라는 주장도 있다.

그의 장인 쉼마쿠스 역시 사형을 당한다.

보에티우스가 갑작스럽게 몰락한 보다 근본적인 배경은 점점 나빠지고 있던 테오도리쿠스의 상황이었다. 새로운 동로마 제국의 황제 유스티누스는 서로마 쪽의 가톨릭교회들과 불화를 해소한 이후 자신의 영역에서 활동하던 아리우스파 기독교인들에 대한 불편함을 드러내기 시작했다. 그의 편이었던 교황 호르미스다스가 523년 8월 죽은 후, 동로마에 호의적이었던 요한네스가 교황이 되었다. 또한 그 직전에 테오도리쿠스의 사위이자 계승자로 점찍어 두었던 에우타리쿠스가 죽어 왕위 계승이 불투명한 상황이었다. 따라서 보에티우스는 친동로마 제국파의 수장으로 여겨지던 상황에서 점차 이를 불안해하던 왕과 고트족에 의해 희생되었다고 보는 편이 타당할 것이다. 혹은 종교적인 관점에서 가톨릭교도로서 아리우스파에 의해 숙청당했다고 볼 수도 있다.[11]

보에티우스는 저급한 권력 다툼의 희생양이었다. 부패에 대항했고 정치적인 타협과는 전혀 어울리지 않았던, 이상을 추구하는 그의 태도 때문이었다. 또한 그의 정치적 삶이 실현되던 공간인 원로원과 같은 로마의 전통적 제도가 사실은 이미 힘을 잃어버렸다는 것을 인정하지 않았기 때문이기도 할 것이다.

---

11   실제로 중세에는 그를 기독교 순교자로 보기도 했다.

2. 보에티우스의 사상적 배경

보에티우스의 사상은 로마 전통에 대한 존중과 고대 희랍 문화에 대한 지적인 관심, 그리고 기독교적인 믿음을 배경으로 하였다. 이러한 사상의 가장 좋은 모범이 바로 그의 장인인 쉼마쿠스였다. 쉼마쿠스의 선조들 가운데는 아우구스티누스 시절에 기독교의 교리에 저항하는 귀족 이교도들을 이끈 원로원 의원이 있었다. 이 쉼마쿠스의 선조는 후손들에게 여전히 칭송받는 존재이기는 했으나 후손들은 신실한 기독교인이 되는 것은 별개의 문제라고 생각했다. 실제로 쉼마쿠스는 5세기의 이교도 지식인인 마크로비우스가 쓴, 키케로의 《국가론》 중 '스키피오의 꿈'에 대한 주석서의 필사본을 되살리는 데 참여하기도 했다. 당시 콘스탄티노플에 있던 유명한 문법학자 프리스키아누스는 그의 작품에 실린 헌사에서 쉼마쿠스를 두고 문학의 선구자로 칭찬할 정도였다. 쉼마쿠스의 영향 아래서 보에티우스는 라틴어 문학뿐만 아니라 희랍어를 제2의 모국어처럼 배웠는데 이는 로마 귀족 가문에서는 일반적인 일이었다.

이러한 교육적 배경에서 보에티우스는 사상과 저술에 있어서 네 가지 주요한 전통을 습득할 수 있었다. 바로 희랍의 신플라톤주의, 로마의 철학적 저술, 희랍의 기독교 문학, 그리고 로마의 교부에 관한 것들이었다. 이 중 희랍의 신플라톤주의는 그에게 무엇보다도 가장 중요한 것이었다. 보에티우스는 신플라톤주의에 정통한 지식인이었다. 그는 플로티노스나 포르퓌리오스, 프로클로스의 작품들을 접하면서 동시에 당대의 희랍 신플라톤주의에도 역시 심취해 있었던 것으로 보인다. 카시오도로스가 언급한 바에 따르면 그는 멀리 떨어져 있기는 했지만 아테네의 학교들로부터 큰 영향을 받았다고 한다. 실제로 거기서 공부하지는 않았음에도 말이다.

풍성한 희랍 전통에 비해 로마의 철학은 사상과 논리의 측면에서 보에티우스에게 직접적으로 영향을 끼치지는 못했다. 하지만 로마의 철학 저작을 접했던 것은 보에티우스에게 상당히 중요했는데 저자로서 혹은 번역자로서 자리매김할 수 있는 바탕을 마련해 주었기 때문이다. 그는 희랍에 바탕을 둔 철학을 라틴어로 옮기는 행위를 공적인 삶과 연계했던 키케로의 예[12]를 잘 알고 있었으며, 토포스[13]와 관련된 저작에서 키케로를 중요한 저자로 여기고 있었다. 뿐만 아니라 5세기 기독교도이자 수사학자였던 마르티아누스 카펠라의 《메르쿠리우스와 문헌학의 결혼에 관하여De nuptiis Philologiae et Mercurii》라는 저작은 《철학의 위안》의 형태를 잡는 데 큰 영향을 끼치기도 했다. 또한 보에티우스는 로마의 문법학자이자 철학자인 마리우스 빅토리누스를 종종 언급하기도 했다. 마리우스 빅토리누스는 355년경에 기독교로 개종한 이교도였는데, 철학적인 관심사가 매우 넓어서 개종 이후 여러 신학 책들을 썼으며 지금은 소실된 플로티노스의 저작을 번역했다. 또한 논리학에

---

12 키케로의 철학 저작들은 대체로 당시 공화정을 유지하는 데 기여하는 방향으로 초점이 맞춰져 있다.

13 토포스(희: topos, 라: locus)란 논의의 출발점이 되는 장소를 의미한다. 장소, 터라는 뜻을 가진 단어로 여기에는 많은 논의들에서 공통적으로 따라야 하는 논의의 규칙이나 방법이 포함된다.

도 관심이 많아서 포르퓌리오스의《이사고게》나 키케로의《토피카Topica》,《발견론De inventione》에 대한 주석서를 저술한 학자이기도 했다. 보에티우스는 원래 빅토리누스의 철학적 역량을 그다지 높이 평가하지는 않았지만 자신의 작품을 저술할 때는 많은 부분 영향을 받은 것으로 보인다.

보에티우스가 살던 당시에는 라틴어로 된 신학 문헌이 꽤 많은 편이었다. 그가 모두 읽었는지는 분명하지 않지만 적어도 가장 유명한 로마 교부인 아우구스티누스의 작품에 관해서는 잘 알고 있었던 것으로 보인다. 반면 희랍 쪽의 기독교인들에게서는 사상적으로 영향을 거의 받지 않았다.

3. 보에티우스의 작품과 4학

보에티우스의 작품은 크게 네 가지로 분류할 수 있다. 첫 번째로는 그가 '4학'이라 불렀던 것에 속하는 수학과 관련한 주제를 다룬 작품이 있고, 두 번째로는 논리학과 수사학에 관련된 저작과 번역서, 주석서를 들 수 있다. 세 번째로는 다섯 개의 짧은 신학 저술들, 그리고 마지막으로《철학의 위안》이 있다.

보에티우스는 쉼마쿠스에게《산술에 대하여De arithmetica》를 헌정하는 편지에서 음악과 기하, 천문에 대한 작품을 저술할 것처럼 기술하고 있으며, 카시오도로스가 쓴 편지에는 그가 이러한 계획을 실행에 옮겼음을 보여주는 대목이 등장하기도 한다. 산술, 음악, 기하, 천문은 이미 오래 전부터 서로 밀접하게 관련되어 있는 학문이며 모두 수학적인 주제라고 여겼다. 산술은 수 자체를 다루고 음악은 화성에 있어서 산술적인 비율과 관련되어 있기 때문에 상대적인 수 개념을, 그리고 기하는 움직이지 않는 부분에서의 크기를, 또한 천문은 별들의 움직임을 기록한다는 측면에서 움직임과 관련된 크기를 다루고 있었다. 보에티우스는 4학quadrivium[14]이라는 용어를 이러한 네 가지 수학적인 주제들 간의 연관성을 보여주기 위해 사용하기 시작했다. 이 모든 주제들은 인간을 감각으로부터 지성과 관련된 더 확실한 것으로 이끌기 때문에, 보에티우스는 이러한 주제들이 자신의 길이라고 생각했던 것 같다. 4학이라고 생각했던 주제를 다룬 저작들 중에서 현재까지 온전히 남아 있는 것은《산술에 대하여》가 유일하며,《음악적 원리에 대하여 De institutione musica》가 일부 남아 있다. 또한 보에티우스 사후에 씌인 카시오도로스의 저작[15]에 보에티우스가 기하에 대해 에우클레이데스의 저작을 바탕으로 하여 썼다고 언급되어 있어 보에티우스가 기하에 대해 저술했던 것도 확실해 보인다.

　보에티우스는 이처럼 4학의 연관성을 보여주는 것과 동시에 철학서 번역과 주석에 관심을 가지고 있었는데 이러한 관심은 가장 먼저 논리학과 관련된 주석으로부터 시작되었다. 500년경에 보에티우스는 신플라톤주의 학교에서 논리학 입문서로 사용되던 포르퓌리오스의《이사고게》에 관해 대화 형식으로 된 주석서를 저

14　원래 quadrivium은 '네 갈래 길'이라는 뜻이다. 보에티우스는 이 용어를《산술에 대하여》1. 1. 7에서 처음 사용했다.

15　Institutiones divinarum et saecularium litterarum. 직역하자면 '신적·세속적 학문들의 지침' 정도인데, 보통은 '교육방법론'이라 쓰는 듯하다.

술했다. 또한 510년경에 아리스토텔레스의 《범주론》에 주석을 달고 번역하기도 하였다. 이 주석서는 초심자들을 위한 것이었는데, 이 주석을 쓰면서 보에티우스는 두 번째 주석서를 좀 더 심도 있게 쓰려 했다고 한다. 하지만 두 번째 주석서를 실제로 썼는지는 분명하지 않다. 뿐만 아니라 516년경에 보에티우스는 그가 찾을 수 있는 모든 아리스토텔레스의 작품과 플라톤의 대화편을 번역하고 주석서를 쓰기로 계획했는데 실제로는 아리스토텔레스의 모든 논리학 관련 작품을 번역했을 뿐 나머지는 번역하지 않았다. 번역가로서 보에티우스는 원문에 충실한 번역자여서 그가 《철학의 위안》에서 보여주는 것과 같은 라틴어 문체를 포기하고 거의 일대일 직역을 추구했던 것으로 보인다. 이 때문에 그가 번역한 작품들은 상당히 거칠고 무거운 느낌을 주지만 내용은 굉장히 정확했다. 한편 주석자로서 보에티우스는 논리학에 집중했다. 앞서 언급했던 것처럼 《이사고게》를 비롯하여 아리스토텔레스의 《범주론》, 《명제론》 주석을 썼을 뿐만 아니라, 키케로의 《토피카》에 대한 주석도 남긴 바 있다. 또한 전해지지는 않으나 아리스토텔레스의 《토피카》와 《분석론 전서Analytica priora》도 주석을 썼을 것이라는 의견이 대부분이다. 만약 보에티우스가 정치적인 몰락을 겪지 않고 좀 더 살았다면 당연히 현재 전하는 그의 주석이나 번역이 훨씬 풍족해졌을 것이다.

신학에 관한 보에티우스의 저작으로는 모두 다섯 편이 있는데, 언뜻 보기에 이 다섯 편은 거의 연관성이 없어 보인다. 보통 이 저작들을 묶어 '신에 관한 소품들Opuscula sacra'이라고 부른다. 이 중 4권은 기독교의 핵심적인 교리들을 평이하게 보여주며, 3권은 특별히 기독교 교리를 다루지 않고《철학의 위안》과 같이 세련된 철학적 에세이를 담고 있다. 반면 1, 2, 5권은 기독교 교리의 관점에서 당시의 논쟁과 관련된 난해한 부분들을 논리적으로 풀이하여, 3, 4권과 전혀 다른 종류의 글처럼 느껴진다. 하지만 전체적으로 볼 때 서로 잘 엮여 있으며, 보에티우스의 철학과 종교에 대한 태도를 이해할 수 있도록 도와준다는 평가를 받는다.

4.《철학의 위안》에 관하여

보에티우스의 마지막 저작인《철학의 위안》은 그의 저작들 중 가장 널리 알려졌으며 가장 쉽게 접근할 수 있는 저작이기도 하다. 상당히 건조하고 기술적인 문체로 쓴 논리학 저작들이나 기독교 교리의 애매한 부분을 분석한《신에 관한 소품들》과는 다르게《철학의 위안》은 인간과 관련된 주제들을 시와 산문을 섞어 세련된 대화체로 다룬 작품이다.《철학의 위안》은 여타의 철학 저술들처럼 논증들이 계속 연결되는 형식으로 이루어져 있지는 않다. 상당히 복합적으로 이루어진 이 작품은 오히려 서로 간에 항상 일치하지는 않는 논증들을 포함하고 있다. 이와 동시에 각각의 부분들이 합쳐졌을 때 단순히 그 합의 내용을 보여주는 것 이상으로 큰 함의를 지니고 있는 작품으로 평가된다.

　《철학의 위안》은 그 안에 위안consolatio, 철학적 대화, 그리고 이른바 메니포스 풍자 문학[16] 같은 전통적인 여러 가지 작품 형식이 있다.

로마 전통에서 위안 문학은 작가가 어떤 불행한 상황, 즉 가족이 죽었다거나, 노년에 이르렀을 때나, 죽게 되었을 때, 추방당했을 때 쓰던 작품 형식이었다. 《철학의 위안》 역시 2권과 3권은 이러한 형식에 잘 맞아떨어지는 특징을 지니고 있기는 하지만, 5권에 이르면 단순한 위안 문학의 관습을 넘어서서 기술적으로 상당히 복잡한 논증 구조를 갖는다. 이는 제목과도 잘 맞아떨어지는데, 단순한 '위안'이 아니라 '철학의 위안'이기 때문이다. 게다가 저자가 스스로를 하나의 캐릭터로 드러내면서 위안하는 모습은 이전에는 없었던 형식이기도 하다. 보통 위안 문학 형식의 작품들은 스스로에 대한 위안이 그 목적이라 하더라도 다른 누군가에게 이야기하는 형식을 띠었기 때문이다. 그런데 이와는 약간 다른 형식인 세네카의 《어머니 헬비아에게 보내는 위로_{Ad Helviam matrem de consolatione}》라는 작품을 보면, 세네카가 자신이 추방당했을 때 자신의 어머니인 헬비아를 위로하는 글을 쓰면서 자신을 위안했던 것을 볼 수 있다. 이런 점을 볼 때 이 작품은 보에티우스의 《철학의 위안》의 훌륭한 모범이 되었을 것이긴 하나 형식이 더 복잡하다는 점에서 약간 다르다. 대화의 상황을 볼 때 그가 다른 이에게 위안받는 모습을 그리고 있긴 하지만 《철학의 위안》은 위안하면서 결국 위안받는 것이 보에티우스 자신이기 때문이다.

---

16   라틴어로 Satura Menippea. 메니포스는 기원전 3세기의 작가로 생몰 연대는 정확히 알려져 있지 않다. 산문과 시가 섞여 있는 형태의 이 문학은 퀸틸리아누스에 따르면 바로 (Varro)에 의해서 처음 소개되었는데, 그의 초기 저작들에 사회적인 내용과 당시 인기 있던 견유학과 철학을 농담과 함께 조합한 메니포스의 작품들을 개작한 것이 있다. 다만 당시에도 산문과 시가 섞여 있다고 해서 모두 메니포스 풍자에 속하는 것은 아니었다.

대화 형식을 보면 보에티우스는 여러 철학 작품들의 영향을 받은 것으로 보인다. 대표적으로 플라톤의 대화편을 들 수 있다. 의인화된 '철학'은 마치 플라톤의 대화편에서 소크라테스가 이야기하듯 논증을 전개해 나가고 있으며, 보에티우스가 원래 알고 있었지만 잊어버린 철학적 진리를 소크라테스적인 산파술을 통해 되새겨주고 있다. 또한 라틴어로 된 작품으로는 키케로의 철학적 대화편을 모방하는 부분도 눈에 띄며, 더 가깝게는 대화편 형태로 저술했던 젊은 시절의 아우구스티누스의 작품들을 찾아볼 수도 있을 것이다.

마지막으로《철학의 위안》이 형식 면에서 독특한 점은 바로 메니포스 풍자 문학의 형태를 띤다는 점이다. 철학이라는 학문을 의인화하여 전체 논증을 진행하고 있으며 각 장에 등장하는 시들은 바로 앞의 산문 혹은 바로 뒤의 산문의 내용을 담는 방식으로 구성되어 있다. 이러한 구성은 앞서 언급한 것처럼 위안 문학의 형식이나 철학적 대화의 형식만으로는 담을 수 없는 다른 것을 담고 있다고 볼 수 있다. 여기서 우리는 다음과 같은 점을 생각해 볼 수 있겠다. 철학은 분명 여러 가지 논증들로 보에티우스를 설득하며 그가 원래 알고 있었던 진리를 깨닫게 하는 역할을 하고 있다. 하지만 앞서도 언급했던 것처럼 여타의 철학 저작들과는 다르게 전체적으로 하나의 논증을 가지고 있는 것이 아니라 서로 일치하지 않는 논증들까지도 포함하고 있다는 점을 볼 때, 철학의 권위가 우리가 생각하는 것처럼 완전하지는 않다는 것을 보여주기에 적합한 형식이 바로 시와 산문이 섞여 있는 메니포스 풍자 문학이라고 볼 수 있다.

5. 《철학의 위안》의 영향

보에티우스의 다른 작품들 역시 후대에 끼친 영향이 상당히 큰 편이지만, 《철학의 위안》이 가지고 있는 중요성은 그의 작품들 가운데 가장 크다고 할 수 있다. 《철학의 위안》은 중세 철학에 큰 영향을 미쳤을 뿐만 아니라 르네상스에 이르기까지 상당히 중요한 작품으로 평가되었다. 위대한 역사가인 기번은 《로마제국쇠망사》에서 이 작품이 플라톤이나 키케로에 못지않다고 평가하며 찬사를 보내기도 한다. 《철학의 위안》의 중요성은 얼마나 많이 번역되었는지만 봐도 쉽게 알 수 있다. 9세기에 영국의 왕이었던 알프레드 대왕은 이 작품을 고대 영어로 옮겼으며 10세기경에 장크트갈렌의 노트커 3세Notker Ⅲ는 고대 독일어로 번역했다. 하지만 《철학의 위안》의 번역에서 가장 중요한 시기는 중세 후기였다. 중세 프랑스어로만 거의 1천 편 가까이 번역이 나왔을 정도였다. 전 세대를 통틀어 가장 위대한 번역가로 손꼽히는 장 드 묑Jean de Meun은 이 작품을 13세기 후반에 이미 중세 프랑스어로 옮겼고, 제프리 초서Geoffrey Chaucer 역시 약 한 세기 정도 후에 중세 영어로 번역하였다. 이와 더불어 이 작품을 모방하거나 개작하는 경우들도 생겨났는데, 단테는 《향연》에서 이 작품을 언급했으며 《신곡》의 여러 곳에서 이 작품의 흔적을 찾을 수 있다. 또한 초서는 《트로일러스와 크리세이드Troilus and Criseyde》 같은 작품들에서 《철학의 위안》 일부를 모방했다. 뿐만 아니라 신학 분야에서도 《철학의 위안》의 위상은 상당히 높았다. 일례로 토마스 아퀴나스는 이 작품의 내용을 바탕으로 하여 《신학대전》에서 최고선을 설명하고 있으며, 《철학의 위안》5권에서 제시되는 영원성의 정의는 신과 시간에 관한 중세 논의에서 거의 시작점이 될 정도였다.

6. 본 역서에 관하여

《철학의 위안》은 서양에서 상당히 중요한 작품으로 평가받았으나 아직 서양 고전이 많이 번역되지 않은 우리나라에서는 이 작품의 번역서를 찾기 어려웠다. 현재 나와 있는 번역서로는 바오로딸에서 나온 정의채 신부의 번역과 육문사에서 나온 박병덕의 번역이 있다. 정의채 신부의 번역은 라틴어를 원본으로 하여 번역했으며 여러 번역과 주석을 참고하였다고 되어 있다. 장마다 요약을 달아 각 장의 내용을 이해하기 쉽게 만들었으며 신학에 정통한 번역자의 번역답게 신과 관련된 개념의 일관성이 돋보인다. 이 때문에 본 역자 역시 이 번역의 도움을 많이 받아 감사할 뿐이다. 다만 초판이 1960년대에 나왔고 개정판 역시 1991년에 나온 터라 문장을 시대에 맞게 고쳤다고 해도 요즘엔 보기 어려운 용어들을 자주 볼 수 있으며, 보에티우스가 언급하고 있는 서양 고전에 대한 지식과 관련하여 고유명사를 잘못 쓰는 경우가 있다. 군데군데 오역이 눈에 띈다는 점 역시 안타까운 부분이기도 하다. 박병덕의 번역은 영어본을 중역하여 읽기에 매끄러운 문장으로 되어 있으며, 특히 시에서는 아름다운 표현이 돋보인다는 장점이 있다. 다만 그 덕분인지 원본에 있는 부분을 빼고 넘어가거나 지나치게 의역한 부분이 있어 마음에 걸린다. 새로운 작품을 읽고 싶다면 박병덕의 번역을 보는 것도 나쁘지 않으나 보에티우스의 작품이라고 보기에는 역자의 개입이 지나치게 많은 번역이라 생각된다.

본 역자가 번역한 《철학의 위안》이 이들 번역보다 월등히 낫다고 할 수는 없을 것 같다. 기독교에 관한 지식이나 서양 고대철학에 관한 지식이 해당 전공자들보다는 부족한 것이 사실이기 때문이다. 하지만 본 번역은 라틴어 원전을 번역했으며, 가장 최근에 나왔고 권위 있는 판본2005년에 나온 K. G. Saur 출판사의 판본을 사용했다는데 의미를 두었다. 또한 위 판본의 편집자인 클라우디오 모레스키니가 이탈리아어로 번역하고 주석을 단 이탈리아어판La consolazione della filosofia, UTET, 2006과 현재까지 《철학의 위안》에 관한 가장 권위 있는 주석서로 알려진 요아힘 그루버의 주석서Kommentar zu Boethius, De Consolatione Philosophiae, Walter de Gruyter, 2006, 영어 번역본으로는 S. J. 테스터의 번역The consolation of philosophy, Harvard University Press, 1978을 참조하여 정확한 의미를 전달하고자 하였다. 각 시와 산문은 최대한 행과 장을 맞추려 노력했다. 이는 일반 독자뿐만 아니라 혹시라도 후에 이 작품의 번역을 찾을 전공자들이 원본과 대조하여 보기 쉽도록 한 것이다. 이 때문에 우리말로 어색해진 부분이 있기도 하지만 꼭 필요한 일이라 생각했다.

역자가 보에티우스를 처음 접한 것은 석사 논문을 준비하던 때였다. 논문의 주제는 로마의 연설가이자 정치가인 키케로의 수사학 작품에 관한 것이었는데 보에티우스가 그 작품에 관한 주석서를 남겨 놓은 덕분에 도움을 많이 받았던 기억이 난다. 하지만 당시에 답답했던 것은 보에티우스의 다른 작품들을 찾아보려 해도 우리나라에는 번역이 거의 나와 있지 않다는 사실이었다. 이는 비단 보에티우스에만 한정된 이야기는 아니다. 우리나라에 번역된 서양의 고전들(동양 고전도 아마 상황은 비슷할 것으로 생각되지만)은 대부분 한두 명의 번역자에게 집중되어 있다. 그나마도 굵직굵직한 작품들을 위주로 번역되었으니 이런 소소한 작품이야 말할 것이 없겠다. 최근 들어 정암학당과 같은 곳에서 플라톤의 번역을 차근차근 내고 있기는 하나 서양 고대철학 전공자들이 고대 희랍어로 된 작품들을 위주로 연구를 하다 보니 아직까지 라틴어로 되어 있는 작품에는 신경을 쓰지 못하는 상황이기도 하다. 다행인 것은 서양 고전학 전공자들이 조금씩이나마 배출되며 여러 서양 고전 작품들의 번역이 점점 늘어나고 있다는 사실이다.[17] 이런 상황에서 부족하나마 라틴어 번역에 일조한다는 생각으로 본 작품을 번역하게 되었다. 이미 이야기했듯이 서양 고대철학이나 신학에 관한 지식이 부족하다 보니 용어라든지 개념 사용이 미숙한 부분이 있을 것이다. 혹여 잘못된 번역이 있다면 본 역자가 공부가 깊지 않아 생긴 일이니 질타와 충고는 감사히 받을 것이며, 후에 그 분야에 정통한 전공자들이 더 훌륭한 번역을 내 주길 간절히 바랄 뿐이다.

끝으로 가족을 비롯하여 지도해 주신 교수님들, 친구들, 선후배 동학 분들 등 감사드릴 분이 많이 있지만 후일 더욱 훌륭한 번역을 내놓을 때를 기약하며 미루어야겠다.

---

17 고대 희랍과 로마의 작품들을 가장 많이 번역하고 계신 분은 천병희 선생님이다. 본 역서에서도 주석에서 그분의 번역을 상당 부분 사용하였다. 지면을 빌어 감사드린다.

DE CONSOLATIONE

권

PHILOSOPHIAE

시 1

언젠가 넘치는 열정으로 지었던 노래들을
아아, 눈물 흘리며 슬픔 가득한 운율로 시작해야겠구나.
보라, 눈물로 찢긴[1] 카메나[2] 여신들이 내게 지으라 명하시니
비가悲歌[3]는 진실한 눈물이 되어 얼굴을 적신다.
5 어떠한 두려움[4]도, 여신들이 나의 동료가 되어
이 길을 함께하는 것을 막을 수는 없었다.
한때 행복하고 파릇파릇했던 젊은 시절의 영광으로,
지금은 슬픈 늙은이의 운명이 위로받는다.
불행을 겪으며 노년이 생각지도 못하게 서둘러 찾아왔고,
10 슬픔도 자신의 나이를 내게 주었으니
때 이른 백발이 이마에서 흘러내리며
육신이 소진되어 피부가 주름져 떨리는구나.
인간에게 죽음이란 달콤한 시절에 닥쳐오지 않으며
슬퍼하는 자들이 불러올 때에 행복한 것이거늘![5]
15 아아, 허나 지금 죽음은 얼마나 눈이 멀었기에 가련한 자들에게서

---

1 눈물이 흘러내려 뺨에 자국을 남긴 모습을 찢겼다고 표현하였다.
2 카메나(Camena) 여신들은 원래 라틴 상고기에는 미래를 예언하는 물의 요정인 뉨파
   (Nympha)에 속한 여신들이었으나 후에 리비우스 안드로니쿠스와 나이비우스 같은 작가들
   부터는 희랍의 무사(Mousa, 뮤즈) 여신들과 동일시되었다.
3 이 책에 나오는 시들은 각기 다른 운율을 지니고 있다. 라틴어로 된 시들은 대체로 길고 짧
   은 음을 어떻게 배치하느냐에 따라 운율이 분류되는데, 처음 등장하는 이 시는 육각 음보와
   오각 음보가 번갈아 가며 나타나는 엘레기(elegi, 비가) 운율로 이루어져 있다.
4 아마도 동고트 왕국의 황제인 테오도리쿠스에 대한 두려움으로 보인다.
5 슬퍼하는 자들은 죽음을 맞이할 때 비로소 슬픔에서 벗어나게 된다.

눈을 돌리고

잔인하게도 눈물 흘리는 눈을 감지 못하게 하는가!

운명이 보잘것없는 행복들로 거짓 믿음을 주며

내게 미소 짓는 동안

그 비통한 시간은 나를 거의 파멸시켰다.   20

이제 어두운 운명이 그 거짓된 표정을 바꿨으니

나의 불운한 삶은 고맙지도 않을 시간만 늘리고 있다.

어찌 그토록 자주 나를 두고 행복한 자라 하였는가, 친구들이여!

몰락한 자는 안전한 받침 위에 서 있었던 것이 아니었구나.

산문 1

1 이렇게 혼자서 가만히 되새기고 철필로 눈물 섞인 한탄을 써 내려갈 무렵, 내 머리 위쪽으로 한 여인이 대단히 위엄 있는 표정으로 서 있는 것을 보았다. 불타는 듯한 눈빛에는 보통 사람들의 능력을 뛰어넘는 날카로움이 서려 있었으며, 혈색은 생생하고 그 힘은 지치지 않을 것처럼 보였다. 하지만 어떻게 봐도 우리 시대의 사람이라 여겨지지 않을 정도로 오랜 삶을 살아온 것으로 보였고, 그 몸집을 어림하기가 모호하였다. 2 어찌 보면 스스로를 인간들의 보통 키에 맞추고 있는 것 같기고 했고, 어찌 보면 정수리로 하늘을 밀어 올리는 것처럼 보이기도 하였다. 머리를 더 들었다면 하늘을 뚫어서 쳐다보는 사람들의 시선을 헛되이 만들었을 것이

다. **3** 옷은 아주 얇은 실로 짜여 있었는데, 이는 절대 풀리지 않는 재료[6]로 정교한 기술을 사용하여 만들어진 것이었다. 이 옷이 손수 짠 것이라는 것을 후에 그녀가 보여줘 알게 되었다.[7] 옷의 표면은 헤아릴 수 없는 세월로 인해 마치 동상이 그을린 듯 어떤 흐릿함에 덮여 있었다. **4** 이 옷의 맨 아랫단에는 희랍 문자 Π가, 가장 윗단에는 Θ가 수놓아져 있었고[8] 두 글자들 쪽을 향해 사다리 문양이 찍혀 있는 것이 보였다. 또한 이 사다리를 통해 가장 아래에서 가장 위쪽의 글자로 올라갈 수 있도록 되어 있었다.[9] **5** 하지만 어떤 난폭한 자들의 손길이 그 옷을 찢어 놓았고 각자 가져갈 수 있는 만큼 옷 조각들을 가져가 버린 모습이었다.[10] **6** 또한 오른손에는 몇 권의 책을, 왼손에는 홀을 쥐고 있었다.

7 그녀는 내 슬픔을 위로하려고 침대 곁에서 시어들을 이야기해 주고 있던 시의 무사 여신[11]들을 보고서는 잠시 격분하였고 날카

---

6 바로 뒤에 옷 조각을 스토아와 에피쿠로스 학파 사람들이 가져갔다는 언급이 나오긴 하지만, 어쨌든 옷의 재질에 대해 찢기거나 풀리지 않는다고 표현하였다. 이는 철학의 가르침이 어떤 공격에도 결코 무너지지 않는다는 것을 의미한다.

7 그 옷을 철학 자신이 짰다는 내용은 호메로스의 《일리아스》 5권 734에서 지혜의 여신인 아테네가 자신의 옷을 손수 짰다는 데서 가져온 것으로 보인다. "아테네는 자신이 손수 공들여 만든 다채롭게 수놓은 부드러운 옷을…"(천병희 역)

8 여기서 희랍 문자 Π와 Θ는 보에티우스가 포르퓌리우스에 대해 쓴 주석에 따르면, Praxis와 Theoria를 뜻하는 것으로 철학이 실천적인 철학과 관조적인 철학으로 나뉘짐을 보여 준다.

9 한쪽에서 다른 쪽으로 옮겨갈 수 있는 사다리는 4학(산술, 기하, 천문학, 음악)의 단계를 의미한다.

10 난폭한 자들은 에피쿠로스 학파와 스토아 학파를 가리키는 것으로 보인다. 보에티우스는 이 학파들이 플라톤, 아리스토텔레스로 이어지는 철학의 참된 본질과는 거리가 멀다고 보았다.

로운 눈빛으로 불타올라서[12] 말했다.[13] **8** "누가 이 거짓된 매춘부들을 여기 병든 자에게 다가가도록 내버려두었는가? 이 여자들은 이 사람의 고통을 어떤 약으로도 달래지 못한다. 오히려 달콤한 독으로 고통을 키울 뿐이다. **9** 이들은 격정이라는 열매 맺지 못하는 가시들로 풍요로운 이성의 비옥한 들판을 망가뜨리며, 인간의 정신을 병에 익숙해지게 할 뿐, 자유롭게 하지는 못하기 때문이다. **10** 하지만 항상 그랬듯 너희만의 감언이설로 배우지 못한 자[14]를 끌어들였다면, 나의 일이 해를 입지 않을 것이니 내가 신경 쓸 바가 아니라고 생각했을 것이나, 이 사람은 엘레아와 아카데미아[15] 학파의 공부로 키워진 자다. **11** 그러니 너희는 떠나라, 파멸로 유혹하려는 세이렌[16]들이여, 우리 여신들[17]이 그를 달래고 치유하도록 남겨 놓아라!"

---

11 무사(희: mousa) 여신은 로마에서는 카메나 여신으로 불리기도 했다. 영어권에서 뮤즈라고 부르는 이 여신들은 원래 서사시, 서정시, 비극 등 문학과 관련된 여신들이나 여기서 철학은 시의 무사 여신들과 철학의 무사 여신들을 구별하여 지칭하고 있다.

12 torvis inflammata luminibus, 실제로 불타는 것처럼 보이는 것은 눈빛이겠지만 좀 더 확장하여 그녀 자신이 그 정도로 격분하였음을 생생하게 나타내려는 표현이다.

13 철학이 무사 여신들을 쫓아내는 장면으로, 플라톤과 소크라테스까지 거슬러 올라가는 철학과 문학 사이의 대립을 보여주고 있다. 이러한 대립은 로마 제정기에도 이어졌지만, 수사학-시학으로 대표되는 문학의 경우는 철학을 완전히 배제하지는 않았다.

14 철학을 공부하지 않은 자를 뜻한다.

15 고대 희랍의 엘레아 학파는 기원전 6세기 중반의 철학 학파로 파르메니데스와 그의 제자인 제논으로 대표된다. 아카데미아 학파는 기원전 3세기에서 2세기까지 나타났던 학파로, 회의주의를 주로 다루었던 학파였다. 가장 중요한 인물은 플라톤이다. 소크라테스의 변증법과 플라톤의 영혼론은《철학의 위안》의 본질적인 부분을 이룬다. 다만 엘레아와 아카데미아의 철학은 신플라톤주의에 심취했던 보에티우스가 받은 교육과는 거리가 있는 것으로 보인다.

12 이렇게 꾸짖음을 당한 저 무리는 한탄하며 고개를 바닥으로 떨구었고, 부끄러워 얼굴을 붉히며 낙심하여 문밖으로 떠나갔다. **13** 그러나 나는 얼굴이 눈물로 뒤범벅이 되어 그토록 강력한 권위를 가진 여인이 도대체 누구인지 알 수조차 없었다. 그저 깜짝 놀라 시선을 땅바닥에 고정시킨 채로 앞으로 어떤 일이 생길지 조용히 기다릴 수밖에 없었다. **14** 그때 그녀가 내 침내 끄트머리로 다가와 앉았다. 그러고는 슬픔으로 무거워지고 한숨으로 가라앉은 내 얼굴을 들여다보며 내 마음의 혼란에 대해 다음과 같은 시로 비탄을 노래하기 시작했다.

시 2

아아, 위험하기 짝이 없는 절망에 빠져

정신은 얼마나 무기력하게 자신의 빛을 잃은 채

외부의 어둠으로 가려 하는가,

그토록 많은 세상의 폭풍우로

5 죄 많은 근심이 커다랗게 자라나는구나!

---

16 라틴어로는 시렌(siren) 혹은 시레나(sirena). 아름다운 소녀의 얼굴을 한 새들로, 노래를 불러 지나는 항해자들을 유혹하여 침몰시킨다고 한다.

17 플라톤은 《국가》 548b에서 영혼을 교육하는 참된 무사 여신들을 언급한다. 원래 노래하는 여신들이기 때문에 이 책에 나오는 시와 같이 영혼을 교화하는 내용을 담은 참된 노래를 하는 여신들이다.

이 사람은 한때 하늘이 열릴 적에 자유롭게

하늘 길로 오가면서[18]

빨간 태양의 빛을 이해하고

차가운 달의 광휘를 바라보았으며,

또한 모든 별이 자신의 궤도를   10

다양한 원으로 그려 낸다는 것을

계산으로 파악한 뛰어난 자였다.

어찌하여 거칠게 포효하는 바람이

바다의 평정함을 어지럽히는지,

어떤 숨결[19]이 굳게 멈춰 있는 세상을 돌리는지   15

혹은 어찌하여 결국 헤스페루스[20]의 바다로 떨어져 버릴 별[21]이

동쪽으로부터 붉게 솟아오르는지,

무엇이 봄의 온화한 날들을 조정하여

장밋빛 꽃들로 이 땅을 장식하는지,

누가 한 해가 지나갈 때 기름진   20

가을이 알알이 가득 찬 포도송이로 흘러넘치게 하였는지

통찰하고, 또한 숨겨진

---

18 보에티우스는 이 작품 이전에 천문에 관한 저작과 수론을 남겼다고 한다. 천문에 관한 저작은 유실되어 전해지지 않지만, 수론은 두 권으로 이루어진 '수학 교육(Institutio Arithmetica)'이라는 제목으로 다른 작가의 작품에서 언급되었으며, 그 책에 이 시의 내용이 언급되었다고 알려졌다.

19 Spiritus, 스토아 이론에 따르면 숨결(희: Pneuma)은 전 우주와 생명을 가진 모든 것을 채우고 있다.

20 Hesperus(희: Hesperos), 금성의 저녁 이름. 신화에 따르면 케팔루스와 아우로라의 아들이라는 설도 있고, 라페투스와 아시아의 아들이며 아틀라스의 형제라는 설도 있다.

21 태양을 의미한다.

자연의 다양한 원인들을 알려 주곤 하였다.

허나 지금은 정신의 빛이 소진되어 누워 있고

25 무거운 사슬에 목이 묶인 채

무게에 못 이겨 떨어지는 얼굴을 겨우 지탱하며[22]

아아, 움직이지도 않는 땅을 쳐다볼 수밖에 없구나.

산문 2

1 "그러나 지금은 치유가 필요한 때이지 한탄할 때가 아니다." 2 그
때 그녀는 나에게 시선을 고정한 채 말했다. "한때 내가 젖으로 키
우고,[23] 나의 양분으로 자라나서 강건한 정신의 힘을 향해 나아갔
던 자가 바로 네가 아닌가? 3 또한 나는 네게 무기들을 가져다주
었다. 네가 이전에 내던지지만 않았더라면, 너를 굳건하게 지켜
주었을 그런 불굴의 무기들을 말이다. 4 나를 알아보겠느냐? 어찌
아무 말이 없느냐? 조용히 있는 것은 부끄러움 때문이냐, 아니면
우둔함 때문이냐? 나는 부끄러움 때문이길 바랐지만 우둔함이 너
를 짓누르고 있는 것으로 보이는구나." 5 그리고 그녀는 내가 조

---

22 이 묘사는 실제로 사슬에 묶인 모습을 보여줌과 함께 보에티우스가 악덕에 짓눌린 채 진
    리를 보지 못하고, 현재 육체적인 삶의 미래를 두려워하고 있는 상태를 비유적으로 표현한
    것이다.
23 위안 혹은 충고를 위한 글에서 철학의 이미지는 자주 유모 혹은 선생으로 등장한다. 이때
    젖은 유아적인 정신을 키우는 양분이다.

용하다 못해 완전히 말을 잃은 채 벙어리가 된 것이라 여겨 내 가슴에 부드럽게 손을 얹고서 조용히 중얼거렸다. "위험할 것까지는 없구나. 이자는 정신이 조롱당했을 때 누구나 겪는 병인 무력함으로 잠시 자신을 잊었을 뿐이다. 6 일단 나를 알아본다면 쉽게 기억을 떠올리게 되겠지. 그가 그렇게 할 수 있도록 잠시 인간사의 구름으로 덮여 있는 그의 눈을 씻어 주어야겠구나."[24] 7 그녀는 이렇게 말하고서는 옷을 모아 쥐고 눈물로 뒤범벅이 된 나의 두 눈을 닦아 주었다.

시 3

그때 밤이 흩어져 어둠이 나를 떠났고
눈앞에 다시 활기가 돌아왔다.
마치, 하늘이 코루스[25]에 싸여 거칠어지고
또한 비를 머금은 구름과 함께 있을 때,
태양이 숨고 별들이 더 이상 하늘에 나타나지 않으며   5
저 하늘 높이서 밤이 땅으로 쏟아질 때처럼.

---

24 이와 비슷한 묘사가 키케로의 《투스쿨룸 대화Tusculanae disputationes》에 나온다.
    "(철학이) 마치 눈앞에서처럼 영혼으로부터 안개를 걷어냈다." 《투스쿨룸 대화》 1권 64.
25 Corus, 정확히는 북서풍이지만 보통 북풍으로 부른다. 세네카에 따르면 폭력적이고 모든
    것을 휩쓸어가는 바람이다.

그때 그 밤을, 트라키아의 동굴에서 나온 보레아스[26]가

물리치고 사로잡힌 낮을 되찾아 주면

포이부스[27]가 즉각 번쩍이며 뛰쳐나와

10 놀라움에 가득 찬 두 눈을 빛으로 때리는 듯이.[28]

산문 3

1 그와 같이 슬픔의 안개가 걷혔을 때 나는 하늘을 보았고, 치료해 주는 이의 얼굴을 알아보려고 정신을 가다듬었다. 2 그래서 그녀에게로 눈을 돌려 시선을 멈췄을 때, 어린 시절 그녀의 집에서 많은 시간을 보냈던 나의 유모, 철학임을 알아보았다. 3 그리고 나는 말했다. "오, 모든 덕의 스승이시여,[29] 왜 당신이 고독한 나의 추방지로, 저 고귀한 곳으로부터 내려오셨나요? 혹여 당신 또한 나

---

26 Boreas, 서풍인 제퓌로스(라: Zephyrus), 남풍인 노토스(라: Notus)와 형제로, 구름을 몰고 다니는 북풍이다. 호메로스 시대부터 사람들은 보레아스가 트라키아에 위치하였다고 믿었다. 바람의 동굴이라는 이미지는 호메로스(《오뒷세이아》 16권 533행)와 베르길리우스(《아이네이스》 1권 52행)를 떠올리게 한다.

27 Phoebus, 희랍 신화에 나오는 태양신 아폴론의 별칭. 여기서는 태양을 가리킨다. 희랍어로는 포이보스.

28 어둠이 걷히고 빛이 찾아들 때 뭇 사람들이 놀라워하며 눈부셔 하듯이 보에티우스가 눈앞의 안개가 걷히자 눈부셔 하고 있음을 비유한 내용이다.

29 철학을 '모든 덕의 스승'이라고 하는 것은 이미 오래 전에 철학에 윤리적 힘이 주어졌다는 것을 보여준다. 철학을 지칭하는 다른 이름으로는 키케로가 《투스쿨룸 대화》에서 언급했던 '삶의 스승(magistra vitae)'이 있다.

와 함께 피고인이 되어 거짓된 고발로 공격당하고자 하시는 건가요?" 4 그녀가 말했다. "내 아이인 너를 내가 어찌 버리겠느냐? 또한 내 이름이 질시받아 네가 감당했던 짐을 내가 너와 고통을 함께하며 나누어 지지 않을 것이라 생각하느냐? 5 죄 없는 자가 동료도 없이 추방당하게 두는 것은 철학에 어울리지 않는다. 내가 나에 대한 고발을 두려워하고, 뭔가 새로운 일이 벌어진 것처럼 몸서리쳐야 하겠느냐? 6 그러니까 너는 지금 부당한 관습 앞에서 앎이 공격받아 위험에 처한 것이 처음이라고 생각하는 것이냐? 플라톤 이전에도 우리는 어리석음에서 비롯된 무모함과 자주 큰 다툼을 벌였고, 플라톤 당대에도 나의 도움으로[30] 그의 선생인 소크라테스가 부당한 죽음 위에서 승리를 얻지 않았더냐?[31] 7 이후 소크라테스의 유산을 에피쿠로스, 스토아의 무리들과 그 밖의 다른 사람들이 각자 자기 것으로 만들려고 싸웠다. 그들은 이에 저항하고 반대하는 나를 마치 전리품의 일부인 양 끌어내어 내 손으로 짠 옷을 찢었고, 그 옷에서 뜯어 낸 조각들을 가지고 나를 완전히 나누어 가졌다고 생각하며 가 버렸지. 8 저들이 갖고 있는 내 옷의 흔적을 보고서 사람들은 무지하게도 그들이 내 친구라고 판단했다. 이처럼 무지몽매한 대중의 잘못으로 그들 중 몇몇은 몰락

---

30   플라톤 당대에 소크라테스가 철학의 도움을 받았다는 언급은 어떤 면에서는 보에티우스가 플라톤 철학 전통에 동조하고 있음을 드러낸다. 이 책에서 가장 중요한 내용이 담겨 있는 3권에서 보에티우스는 내용과 형식 모두에서 플라톤 철학의 영향을 깊이 받았음을 보여 준다.

31   소크라테스는 마지막 죽는 순간에도 도덕적인 철학의 위안 덕에 평안한 죽음을 맞이하였다.

하게 되었다. **9** 그런데 아낙사고라스[32]의 도망과 소크라테스의 독배, 제논[33]의 고문은 이방의 일들이니 네가 알지 못했다 해도, 카니우스[34]와 세네카[35], 소라누스[36]의 경우, 그들에 대한 기억은 오래되지도 않았고 유명하니 너도 알고 있겠지. **10** 그들을 죽음으로 몰았던 것은 다름 아닌 나의 방식으로 교육받은 자들의 살아가는 방식이 파렴치한 자들과 전혀 다르게 보였기 때문이었다. **11** 그러니 혹시 우리가 이러한 고통스러운 삶의 바다에서 몰아치는 폭풍으로 인해 고난을 겪는다고 해도 놀랄 것은 없다. 극악한 자들의 마음을 거스르는 것이 우리 삶의 방식이니 말이다. **12** 실로 저들의 군대가 엄청나게 많다 해도, 그 군대는 지휘관[37] 없이 무모한 잘못에 이끌려[38] 도처에서 미쳐 날뛰는 것이니 경멸당해 마땅하다. **13** 만약 언젠가 그들이 우리에 대항해 전열을 갖추어 강력하게 돌진해 온다면, 저들이 쓸모없는 전리품을 약탈하는 데나 몰두

---

32 이오니아 학파의 철학자(기원전 500~428)로 희랍 정치가 페리클레스의 친구. 그는 신의 영역으로 여기던 천체 현상을 자연 현상으로 설명하여 불경죄로 고발당하였으며, 이 때문에 기원전 432년경 아테네에서 도망쳤다.

33 엘레아 학파의 철학자(기원전 490~430)이며 파르메니데스의 제자로, 참주 네아르코스에 대항해 음모를 꾸몄다가 고문을 당해 죽었다.

34 율리우스 카니우스(혹은 카누스). 스토아 철학자로 서기 40년에 로마 황제 칼리굴라에 의해 목숨을 잃었다.

35 로마 시대 스토아 학파의 가장 유명한 철학자로 한때 네로 황제의 스승이었으나 반란을 일으켰다는 모함을 받아 자결하도록 강요당했다. 죽기 전에 철학의 가르침을 언급했던 그의 최후에 대해서는 역사가 타키투스가 《연대기》에서 전하고 있다.

36 타키투스의 《연대기》에 따르면 소라누스는 재임 중에 공정함과 근면함으로 네로 황제의 반감을 사게 되었고 반란 혐의가 있다고 하여 처형당했다.

37 철학을 뜻한다.

38 키케로는 《투스쿨룸 대화》 5권 2. 5에서 "오, 철학, 삶의 인도자여(o vitae philosophia dux)"라고 표현한다.

하는 동안 우리의 지휘관은 군사들을 요새로 모을 것이다. **14** 그리하여 우리는 저 광기 어린 폭동으로부터 멀리 떨어져서, 또한 공격해 오는 어리석은 자들은 접근도 못할 정도로 강력한 성벽을 갖추고서, 요새 위에서 아무런 가치도 없는 것들을 약탈하는 그들을 비웃을 것이다."

시 4

누구든 삶이 정돈되어 평온하고
오만한 죽음을 발아래 지배하며
양쪽의 운명[39]을 바르게 바라보고
변함없는 표정을 지을 수 있었던 자라면,
깊은 곳으로부터 파도를 솟구치게 하는   5
바다의 광기와 위협도,
변덕스레 불길을 내뿜으며
그토록 자주 용광로가 폭발하는 베수비우스[40]도,
혹은 높은 탑을 때리곤 하는
불타는 벼락도, 그를 움직이지 못하리라.   10
가련한 자들은 어찌하여 잔혹한 폭군들이

39　운명의 양면, 즉 행운과 불운을 뜻한다.
40　지금의 베수비오. 이탈리아 나폴리 인근의 화산. 서기 79년에 폭발하여 로마 제국의 폼페이와 헤르쿨라네움을 완전히 뒤덮어 파괴한 화산으로 유명하다.

절제하지 못한 채 광분하는 데 그토록 놀라는가?
무언가를 희망하지도, 무언가를 두려워하지도 마라.
그러면 너는 저 난폭한 자의 분노를 없앤 것이나 마찬가지일 테니.[41]
허나 누구든 벌벌 떨며 두려워하거나 희망하는 자는
15 굳건하지도, 스스로의 주인이 되지도 못하여
방패를 던져 버린 채, 자기 자리를 버리고
자신을 끌고 갈 사슬로 스스로를 묶게 된다.

산문 4

1 "이 말들을 이해하겠느냐?" 그녀가 말했다. "또한 이것들이 네 마음으로 들어갔느냐, 아니면 너는 저 유명한 '음악을 듣는 당나귀'[42]인 것이냐? 어찌하여 눈물을 흘리며 울고 있는 것인가? '말하거라, 마음속에 감추지 말고.'[43] 의사가 치료해 주기를 바란다면 상처를 보여야 한다."

---

41 시의 맨 첫 줄에 나왔듯이 삶에서 굳건하게 버티기 위해서는 평온한 상태를 지켜야 한다. 하지만 뭔가를 두려워 피하거나 원하는 사람은 그런 평온한 상태를 유지하지 못한다. 이는 스토아 철학의 사상으로 세네카는 《행복한 삶에 대하여De vita beata》 5. 1에서 "이성의 도움으로, 원하거나 두려워하지 않는 자라야 행복하다고 말할 수 있다"라고 말한다. 평온한 상태에 있으면 외부 상황에 아무런 위협도 받지 않는다는 뜻이다.

42 원문은 희랍어로 기록되어 있다. 현재 일부만이 전해지는 메난드로스의 희극에 등장하는 말이다. 당나귀는 고대에 무지함과 게으른 정신의 상징으로 사용되었다.

43 원문은 희랍어로 기록되어 있다. 호메로스의 《일리아스》 1권 363행에 나오는 구절로 여신 테티스가 울고 있는 아들 아킬레우스에게 하는 말이다.

2 그때 나는 정신을 가다듬고 힘을 내어 말했다. "아직까지 충고가 필요한지요? 또한 무자비한 운명이 내게 가혹했던 것은 그 자체로 충분히 명백하지 않습니까? 지금 이곳의 모습을 보고도 아무렇지도 않은 건가요? 3 여기가 당신이 내 집에서 가장 안전한 자리로 선택했던 곳입니까? 여기가 당신이 나와 함께 인간과 신의 일들을 안다는 것[44]에 대해 자주 이야기하곤 했던 그 서재로 보입니까? 4 내가 당신과 함께 자연의 비밀을 탐구할 때, 당신이 홀을 들어 별들의 길을 보여줄 때, 당신이 우리의 관습과 모든 삶의 이치를 하늘의 법도라는 본에 맞출 때, 나의 옷이 이러하고 얼굴이 이러했었나요? 당신에게 복종하여 받는 보상이란 게 이런 것들입니까? 5 또한 당신은 플라톤의 입을 빌어,[45] 만약 지혜를 추구하는 자가 국가를 이끌거나 국가의 지도자들이 지혜를 추구했다면 그 국가는 행복하게 되었으리라는 생각을 분명히 보여주셨지요. 6 당신은 바로 플라톤의 말을 통해, 국가를 지혜로 다스리는 데에는 다음과 같은 필연적인 이유가 있다고 알려 주었습니다. 즉 염치를 모르는 불명예스러운 시민들이 이 도시라는 배의 키잡이가[46] 됨으로써 훌륭한 사람들이 죽음과 재앙을 맞는 것을 막기 위해서라고 말입니다.[47] 7 그래서 이러한 권위 있는 말에 따라, 홀로 여가를 즐길 때 당신에게 배웠던 바를 후일 공무에 적용하고자 했

44 　보에티우스는 키케로가 지혜(sapientia)에 대해 정의한 내용을 가져다 썼다. 키케로는 《의무론》 2권 5에서 "지혜는 … 옛 철학자들이 정의한 것처럼, 신들과 인간들의 일에 관한 앎이다"라고 기술하였다.

45 　《국가》 473d, 487e 참조.

46 　국가를 배에, 통치자를 키잡이에 비유하는 것은 플라톤에서 자주 등장하는 비유이다.

47 　《국가》 347c 참조.

습니다. 8 훌륭한 사람이라면 무릇 관심을 두는 그 일[48]이 아니었다면 나를 공직으로 이끌지 못했을 것입니다. 이는 당신을 지혜로운 자들의 정신에 심어 준 신도 그리고 당신도 알고 있는 일이지요. 9 거기서부터 몰염치한 자들과의 심각하고 화해하기 어려운 불화가 일어났으며, 양심의 자유가 가지는 권리를 지키고자 하였기 때문에 권력자들의 경멸스러운 공격이 있었던 것입니다.

10 내가 약자들의 재산을 빼앗으려 하는 코니가스투스[49]를 몇 번이나 막았으며, 왕실 관리인인 트리궐라[50]가 시도하여 거의 성공할 뻔한 악행을 몇 번이나 막았는지, 또한 처벌도 받지 않는 야만인들이 그 탐욕을 채우려고 속이고 상처 입힌 저 가련한 사람들을 내가 몇 번이나 위험 앞에서 권위를 내세워 막아 주었는지! 누구도 나를 정의로부터 부정으로 끌어내리지 못하였습니다. 11 나는 속주민들의 운명이 때로는 사적인 갈취에 의해, 때로는 공적인 세금을 통해 몰락하는 것을 실제 당사자처럼 고통스러워했습니다. 12 끔찍한 기근이 들었을 무렵 이해할 수 없이 무거운 강제 매입[51]이 선포되어 캄파니아 지방은 속절없이 몰락하리라 여겨졌

---

48 국가를 지혜로 다스리는 일을 말한다.

49 테오도리쿠스 황제 시절 고위직을 차지했던 고트인으로 알려져 있고, 카시오도루스가 언급하고 있긴 하지만 그 이상의 정보는 없다.

50 엔노디우스(473/474~521)가 편지에서 언급했던 인물로 보이지만 그의 편지에는 트리구아라는 이름으로 불리고 있다고 한다.

51 coemptio. 국가에 중대한 재난이 닥쳤을 때 국가 재정을 보충하기 위하여 지정된 지방에서 강제로 생산물들을 매입하는 제도. 시가보다 훨씬 저렴한 가격으로 매입하는 것이 일반적이었다. 캄파니아는 당시에 가장 풍요롭고 부유한 지방이었지만 보에티우스가 지방 행정관으로 있던 당시에는 이 지방 역시 큰 기근으로 식량이 부족한 상황이었다고 한다.

지요. 그때 나는 공익을 위해 프라이토르[52]의 명에 반하여 싸웠고, 왕이 심문하는 자리에서 강하게 주장하여 강제매입의 시행을 막는 데 성공했습니다. **13** 나는 또한 궁정의 개들이 야욕을 품고 콘술 파울리누스[53]의 재산을 집어삼키려 작정했을 때, 그 탐욕스러운 아가리로부터 그를 끌어내기도 했습니다. **14** 또한 또 다른 콘술 알비누스[54]가 판결도 나기 전에 처벌받는 것을 막으려고 밀고자 퀴프리아누스[55]의 공격을 대신 받기도 했습니다. **15** 그들이 내게 그토록 크게 반감을 가질 만큼 내가 자극한 걸로 보이십니까? 하지만 정의를 사랑한다는 이유로, 나는 조신들 사이에서 나 자신의 안전을 위해서는 그 어떤 것도 지키지 못했습니다. 그렇다면 사실 그 외의 사람들 사이에서는 더 안전해야만 했겠지요. **16** 그렇지만 내가 어떤 밀고자들로 인해 파멸하게 되었습니까? 그 밀고자들 중에서 바실리우스[56]는 한때 궁정의 행정관 자리에서 쫓겨나서 다른 사람에게 진 빚을 갚기 위해 나를 고발하도록 몰린 적이 있습니다. **17** 한편 오필리오[57]와 가우덴티우스[58]의 경우에는 수많은 부정을 저질렀다는 이유로 왕이 그들에게 추방 판결을 내렸을

---

52 praetor, 공화정 시기에는 오늘날의 판사 같은 직책이었으나 제정 시기에는 지방 속주를 다스리는 직책이 되었다.

53 플라비우스 파울리누스는 498년 콘술이었으며 후에 보에티우스의 장인과 법정에서 대립하기도 하였다. 이 외에는 알려진 바가 없다.

54 493년 콘술이었으며 후에 보에티우스의 고소에 참여했다.

55 뒤에 나오는 오필리오의 형제이며 황제의 교지를 전달하는 직책(referendarius)을 맡고 있었다. 자신에 대해 불리한 증거를 가지고 있던 알비누스를 고발했다.

56 오필리오의 장인.

57 퀴프리아누스와 함께 고트 왕조에 상당한 충성심을 가졌던 인물로 알려져 있다.

58 여기 외에는 다른 문헌에서 언급된 적이 없다.

때, 그들은 이에 복종하지 않으려 성소의 보호를[59] 이용해 자신들을 지키고자 했습니다. 그리고 그것이 왕에게 발각되었을 때, 왕은 정해진 기한 안에 라벤나를 떠나지 않는다면 이마에 죄인의 표식을 찍어[60] 쫓아내라고 선포했습니다. **18** 이는 더할 수 없이 무거운 판결이었습니다. 그럼에도 그 추방 명령이 있던 날, 저 밀고자들은 나를 고발하였습니다. **19** 어떻습니까? 나의 행위가 그런 취급을 당해 마땅했던 것인가요, 아니면 이미 내려진 처벌이 저 밀고자들을 정당하게 만들어 준 것인가요? 만약 운명이 고발당한 자의 결백과 밀고자의 저열함을 보고 부끄러워하지 않는다면 대체 무엇을 부끄러워한단 말입니까?

20 내가 어떤 죄목으로 고발당했는지 요점을 알고 싶으신가요? 사람들은 제가 원로원이 안전하기를 원했다고 말합니다. **21** 대체 어떤 식으로 그렇게 되었는지 알고 싶으십니까? 어떤 밀고자를 방해했다고, 그 자가 원로원을 반역죄를 저지른 죄인으로 만들 문서를 공개하지 못하게 방해했다고 고발당한 것입니다. **22** 그러니 스승이시여, 당신은 어찌 생각하십니까? 내가 당신을 부끄럽지 않게 하기 위해 죄를 부정해야 할까요? 하지만 나는 원로원이 안전하기를 원했고 계속해서 그러길 원할 것입니다. 내가 죄를 인정해야 할까요? 하지만 그 밀고자를 방해할 기회가 사라져 버렸습니다. **23** 아니면 원로원의 질서와 안녕을 바랐던 것이 잘못이었다고 이야기할까요? 원로원 스스로가 나에 대한 판결을 통해 원로원의

---

59   당시 교회가 추방자를 보호하는 역할을 하였음을 알 수 있다.

60   당시에 반역죄를 범한 사람에게 음모를 꾸민 자(culminator)를 의미하는 희랍어 K를 찍었을 것으로 보인다.

안녕을 바란 것이 죄가 되도록 만들어 버렸습니다. 24 하지만 항상 그 자신을 속이는 무지함은 사물의 가치를 바꿀 수 없고, 나는 소크라테스의 말대로[61] 진실을 감췄다거나 거짓을 용인한 것이 정당했을 거라고 생각하지도 않습니다. 25 그러나 일이 어떻게 그리 되었는지는 당신과 현자들이 판단하도록 남겨 놓겠습니다. 후대 사람들을 속일 수 없도록 그 일의 관계와 진실을 글로 남겼으니까요.[62] 26 내가 로마의 자유를 원했다고 고발당한, 거짓으로 지어낸 문건들에 대해서 말하는 것이 뭐가 중요하겠습니까. 저 밀고자들의 자백[63]을 이용할 수 있었다면 그런 문건들을 가지고 벌인 사기 행각은 이미 드러났을 것입니다. 자백은 모든 일에서 큰 힘을 발휘하니 말입니다. 27 어떤 자유가 더 남아 있기를 바랄 수 있겠습니까? 그럴 수 있었다면! 나는 카니우스[64]의 말로 대답했을 것입니다. 게르마니쿠스의 아들 가이우스 카이사르[65]가 음모를 꾸몄다며 카니우스를 고소했을 때 그가 했던 말로 말이지요. '내가 알았었다면 당신은 몰랐을 것입니다.'[66]

28 이처럼 내가 겪은 여러 사건들에서 덕에 반하여 범죄를 감행했던 사악한 자들에 대해 한탄이나 하고 있을 정도로 슬픔이 내 사

---

61 플라톤의 《티마이오스》151d 참조.

62 현재 전해지는 바는 없다.

63 보에티우스는 그들이 문건을 꾸몄다는 자백을 받고자 대면하여 심문하기를 원했지만 허락되지 않았다.

64 위에 나왔던 율리우스 카니우스. 그의 죽음에 관해서는 세네카가 전하고 있으나 이 에피소드는 나오지 않는다. 아마도 우리에게 전해지지 않는 플루타르코스의 문헌에서 보에티우스가 가져온 것으로 보인다.

65 로마 황제 칼리굴라.

66 자신이 반역하고자 했다면 황제는 알지 못한 채 당했을 것이라는 의미이다.

고를 무디게 한 것은 아닙니다. 오히려 그들이 원했던 바를 행했다는 데 나는 대단히 놀라고 있습니다. 29 왜냐하면 더 나쁜 것을 원하는 것은 아마도 우리 인간의 결점 때문이겠지만, 누군가가 사악한 마음으로 생각해 낸 일들을 신이 지켜보고 있음에도 결백한 사람에게 저지를 수 있다는 것은 터무니없는 일이기 때문입니다. 30 그러니 당신의 무리들 중 누군가가 정당하게 물었었지요. '만약 정말로 신이 있다면 악은 어디서 오는 것인가? 신이 없다면 선은 어디서 오는가?'[67] 31 모든 훌륭한 사람들과 원로원 전체의 피를 갈구하는 저 사악한 자들이 내가 훌륭한 자들과 원로원을 위해 싸운다는 것을 알고서 나를 죽이고자 했던 것은 당연한 일일 것입니다. 32 하지만 내가 원로원 의원들에게 같은 취급을 받아야 했나요? 당신이 항상 나와 함께 있으면서 내가 말하고 행하는 바를 이끌었으니 당신도 기억하실 것이라 생각합니다. 내가 말하는 건 베로나에서 원로원 의원 모두를 죽이고자 했던 왕[68]이 알비누스에게 씌워진 반역죄를 원로원 전체에게 뒤집어씌우려 했을 때입니다. 그때 내가 얼마나 나 자신의 위험을 무릅쓰고 원로원 의원 전체의 무죄를 위해 변호했는지 당신은 기억하고 있겠

---

67 이 질문은 정확히 누가 던진 것인지 분명하지는 않지만 많은 연구자들이 락탄티우스를 전거로 들어 에피쿠로스가 한 것이라고 주장한다. 하지만 보에티우스가 에피쿠로스를 철학의 무리로 보고 있다는 것은 내용상 맞지 않는다. 테스터(S. J. Tester)에 따르면 에피쿠로스의 주장은 '신은 악을 막을 수 없고, 막으려 하지 않거나, 혹은 막으려 하지만 막을 수 없다'이며, 여기에 나온 질문과는 차이가 있는 것으로 보인다. 테스터는 이 내용의 원래 전거는 플라톤의 《국가》 379에서 발견되며, 아마도 신플라톤주의자인 암모니우스(Ammonius Saccas)에게서 전해진 것으로 보인다고 주장한다.

68 동고트의 테오도리쿠스 황제.

지요. **33** 당신은 내가 말하는 이 모든 것들이 진실이며, 절대로 나 스스로의 안녕을 위해 내뱉은 말이 아님을 알고 있습니다. 왜냐하면 누군가가 자신의 행동을 뽐내며 명예라는 가치를 얻을 때마다 그 과시하는 행동으로 말미암아 스스로를 평가하는 양심이 그 가치를 어느 정도 잃기 때문입니다. **34** 하지만 죄 없는 내가 어떤 결과를 맞이했는지 당신은 아실 것입니다. 진실한 덕에 대한 보상 대신 거짓된 죄에 대한 처벌을 받게 되었지요. **35** 도대체 죄를 공개적으로 자백하는 경우에, 인간의 본성 때문에 저지른 잘못이라거나 모든 인간에게 주어진 불확실한 운명이라는 조건[69]을 전혀 고려하지 않고 재판관 모두가 자백을 엄하게 다룬 적이 있었습니까? **36** 설사 내가 성전을 불태우려 했다거나, 불경한 칼로 사제들을 죽이거나, 모든 훌륭한 사람들을 죽이려 했다 해도, 내가 출두해서 자백하거나 유죄 판결을 받은 후에 법의 처벌이 내려졌어야 합니다. 하지만 거의 500밀레파수스[70]나 떨어진 곳에서[71] 원로원의 편에 섰던 헌신 때문에 말도 못하고, 변호도 받지 못하고, 유죄 판결도 나지 않은 채 사형선고를 받았습니다. 아, 그 누구도 비슷한 죄목으로는 받을 수 없는 유죄 판결을 받아 마땅한 자라니![72] **37** 그러한 고발이 내게 얼마나 명예로운 일이 될지는 고발했던 그

---

69   로마 시대 법정 수사학에서 사용된 기술로, 법정에서 우연이었다든지 어쩔 수 없었다는 변론으로 죄가 없다거나 가벼운 죄를 범했다는 점을 강조하곤 했다.

70   밀레파수스는 현재 단위로는 마일이라고 볼 수 있다.

71   보에티우스는 파비아 북부에 위치한 칼벤티아누스 들판(Ager Calventianus) 지역에 감금되어 있었다.

72   원래는 판결 이전에 변론이 있어야 하나 변론도 하기 전에 추방당했기 때문에 하는 말이다.

들 자신도 알고 있었습니다. 이 때문에 그들은 나의 명예를 떨어뜨리기 위해 또 다른 죄목을 추가했습니다. 내가 더 높은 자리에 오르고자 하는 야심 때문에 신성모독 죄를 범해 양심을 더럽혔다고 거짓말을 했던 것이지요. **38** 그러나 당신이 내 안에 자리 잡아 인간사의 모든 욕망을 나의 마음속에서 몰아냈음에도, 또한 당신이 보고 있는데도, 내가 신성모독을 범할 수 있다는 것은 말도 되지 않는 일입니다. 왜냐하면 당신은 매일같이 나의 귀와 생각에 피타고라스의 '신을 따르라'[73]라는 저 말을 서서히 스며들게 하였으니 말입니다. **39** 또한 내가 저 사악하기 짝이 없는 영혼들의 도움을 받는 것은 부적절한 일이었습니다. 당신이 나를 신과 닮게 만들고자 이와 같은 탁월함을 갖추게 하였으니까요. **40** 게다가 흠 없이 성스러운 나의 집안, 가장 명예로운 친구들과 맺은 교분, 당신과 마찬가지로 신성하고 경외받아야 할 나의 장인[74]은 이와 같은 범죄에 대한 모든 의심으로부터 나를 보호하고 있습니다. **41** 하지만 이 얼마나 사악한 일인지! 실로 저들은 내가 당신을 이용해서 그 같은 엄청난 범죄를 저지를 수 있다고 믿으며, 내가 바로 그 악행에 동참했다고 여길 것입니다. 내가 당신의 가르침에 물들고[75] 당신의 법도로 키워졌다는 바로 그 이유 때문에 말입니다. **42** 당신의 존엄함이 내게 아무런 이익이 되지 못했다는 것만

---

73 피타고라스의 말이기는 하나 제정 시기 플라톤 철학을 관통하는 말이기도 하다. 다시 말해 피타고라스만의 말이라기보다 '너 자신을 알라'와 같이 오래된 경구로 보는 편이 낫다.

74 퀸투스 아우렐리우스 쉼마쿠스(Quintus Aurelius Symmachus). 보에티우스의 장인으로 6세기 로마의 정치가이며 역사가. 487년 콘술을 지냈으며 보에티우스가 죽은 지 몇 달 후에 테오도리쿠스의 음모에 휘말려 525년 라벤나에서 죽었다.

75 단순히 가르침을 받은 것을 넘어 그 가르침에 완전히 빠져들었음을 의미한다.

으로는 그들은 그리 만족스러워하지도 않습니다. 나를 공격함으로써 더 나아가 당신을 찢어발기지 않는 한은 말입니다. **43** 게다가 나의 불행을 더 무겁게 하는 것은 대대수 사람들이 가치 있는 진실이 아니라 운의 결과만 바라보고 있으며, 행운으로 인해 일어난 일만 중요하게 여긴다는 것입니다. 그러니 훌륭한 판단은 가장 먼저 불행한 자들을 버리게 되는 것이죠.[76] **44** 지금 나에 대해 대중 사이에 떠도는 저 풍문을, 서로 다른 여러 의견들을 생각하고 싶지 않습니다. 나는 단지 이것만을 말하고 싶습니다. 죄를 범했다는 누명을 쓴 가련한 자들에게 가장 무거운 운명의 짐은 그들이 그런 고통을 받아 마땅하다고 대부분의 사람들이 믿는다는 사실입니다. **45** 실로 나 역시도 좋은 것을 모두 잃고, 명예는 실추되었으며, 사람들의 판단에 더럽혀진 채, 사람들에게 베푼 호의 때문에 처벌을 받게 되었습니다. **46** 그런데 나는 극악한 자들의 끔찍한 근원지에서 즐거움과 기쁨이 넘쳐나는 것을 본 듯합니다. 모든 범죄자들이 새롭게 꾸며 낸 고발로 위협하고, 훌륭한 자들은 내가 위험에 처한 것을 보고서 두려움을 느끼고 엎드려 있으며, 파렴치한 자는 처벌이 없으니 감히 죄를 저지르고 이러한 범죄를 저지른 후 얻는 보상 때문에 더 날뛰지만, 결백한 자들에게는 안전함도 방어할 기회도 없음을 본 것이겠지요. 그러니 소리 높여 외치고 싶습니다."

---

76 대대수 사람들이 행운을 가져다주는 것만을 신경 써야 할 것으로 판단하고 있기 때문에 훌륭한 판단이라 평가되는 것들은 당연히 불행한 사람들을 밀리할 수밖에 없다.

시 5[77]

오, 별이 가득한 세상의 창조자여,
영원의 옥좌에 기대어
빠른 회전으로 하늘을 돌리시고
별들이 법도에 따르도록 하시어,

5   때로 부푼 뿔의 모습으로 빛나며
형제의 불길 전체를 받아들인
저 달은 작은 별들을 감추어 버리고
때로는 가려진 뿔의 모습으로 어두워져
포이부스와 가까워져 빛을 잃어버릴지니.

10 또한 밤의 초입에
차갑게 떠오르는 별들을 헤스페루스가 이끌고,
창백한 루키페르[78]는 포이부스의 떠오름으로
다시금 손에 익은 고삐들을 바꾸어 쥘 것입니다.
당신은 잎이 떨어지는 겨울의 추위로

15 빛의 시간을 짧게 줄이고
당신은 뜨거운 여름이 오면
빠른 시간을 밤에 나누어 줍니다.[79]

---

77   이 시는 1권 전체의 핵심이 되는 내용을 담고 있다. 바로 앞의 산문에서 시작한 악한 자들
이 어째서 벌을 받지 않으며 즐거워하는가 하는 물음이 이 시에서는 온 우주에 대한 고찰로
넘어간다. 온 우주의 사물들이 신의 법칙에 따르는데 인간만이 그 법칙에서 벗어나고 있다는
점에서 앞서 제시되었던 의문이 다시 나타난다. 이에 대한 대답은 마지막 권에서 설명한다.
78   Lucifer, 금성의 다른 이름으로 새벽에 뜰 때 부르는 이름이다.

당신의 힘이 다양한 계절들을 조절하여

보레아스의 숨결이 앗아가는

부드러운 잎사귀들을 제퓌로스[80]가 지니고 돌아오지요.　　　　20

그리고 아르크투루스가 씨앗들을 보고[81]

시리우스[82]가 높이 자란 그 곡식들을 익히니,

어떤 것도 오랜 법도에서 벗어나지 않고

자신의 일을 버려두지 않습니다.

확실한 목적을 가지고 모든 것을 조종하는 당신은　　　　25

오직 인간들의 행위에만은 마땅한 제재를

가하지 않으십니다. 지배자시여,

어찌하여 불확실한 운명은

그토록 크게 바뀌는 것입니까?

죄인이 받아야 할 처벌은 결백한 자들에게 내려지는데,　　　　30

그릇된 습속은 높은 옥좌에 앉아 있고

사악한 자들은 부당한 운명으로 고귀한 자들의 목을

짓밟고 있습니다.

빛나는 덕은 어두운 그림자에 가려지고

정의로운 자는　　　　35

79　이 당시에는 항상 낮과 밤이 각각 열두 시간으로 고정되어 여름에는 밤의 시간이 빨리 흘러가고, 겨울에는 낮의 시간이 빨리 흘러간다고 생각했다.

80　Zephyros(라: Zephyrus), 부드러운 서풍으로 알려져 있다.

81　아르크투루스는 목자자리의 주성으로 대각성이라고 불린다. 베르길리우스는 《게오르기카Georgica》에서 이 별이 9월 초중순에 뜨는데 그때 이탈리아에서는 열매가 맺힌다고 전한다.

82　Sirius, 시리우스는 여름 별로 7월 25~26일경에 가장 높이 떠오른다.

적들이 덮어씌운 죄를 견디고 있습니다.

거짓된 구실로 꾸며진 속임수도,

어떤 거짓 맹세도 저들에게는 해가 되지 않습니다.

오히려 그들이 기꺼이 힘을 사용했을 때는

40 수많은 사람들이 두려워하는 저들,

저 위대한 왕들까지도 속이기를 기꺼워합니다.

오, 이제 가련한 대지를 돌아보시기를,

자연의 법칙을 엮으시는 분이시여!

그토록 위대한 것들 중에서도 가치 있는

45 우리 인간들은 파도치는 바다로 인해 흔들립니다.

지배자시여, 거친 파도를 억누르시고,

거대한 하늘을 지배하시는 당신의

그 약속으로 땅도 또한 평온하게 지켜 주십시오.

산문 5

1 계속해서 슬퍼하며 내가 이와 같이 외쳤을 때, 그녀는 울부짖는 나를 보고도 전혀 동요하지 않은 채 평온한 얼굴로 말했다.[83] 2 "네가 슬퍼하며 눈물 흘리는 모습을 보았을 때, 네가 가련하게도 추

---

83 철학은 본연의 윤리적인 기능에 따라 악덕을 마주하였을 때 동요하지 않고 평온한 모습을 취한다.

방당했음을 알아차렸다. 그러나 너의 이야기가 알려 주지 않았더라면 그 추방[84]의 길이 얼마나 먼지 알지 못하였을 것이다. **3** 하지만 너는 조국[85]으로부터 내몰렸다기보다는 오히려 너 스스로를 내몰았던 것이다. 그러니 네가 만약 쫓겨났다고 생각한다면 그것은 잘못된 판단이다. 실로 네게 그런 일을 하는 것은 누구에게도 허용되지 않았을 테니 말이다. **4** 네가 뿌리를 둔 조국을 떠올려 본다면, 그 조국이 언젠가의 아테네처럼 여러 왕들에 의해 통치되는 것이 아니라, 하나의 지도자, 하나의 왕이 있음[86]을 알게 될 것이다. 그는 시민들을 추방하기보다는 시민들이 넘쳐남을 기뻐하고, 그의 고삐에 의해 인도되고 그의 정의에 복종하는 것이 바로 자유라 여기는 자다. **5** 혹 너는 조국의 저 오래된 법을 알지 못하는 것이냐? 그 국가 안에서 자리를 굳건히 잡기를 원하는 자를 추방하는 것은 정당하지 못하다고 신성하게 명문화된 법을 말이다. 그 국가의 성벽과 보호 안에 있는 자는 추방의 형벌을 두려워하지 않는다. 또한 누구든 그곳에서 살고자 하는 욕구를 버린 자는 동시에 그곳에 살 자격조차 버리는 것이다. **6** 그래서 이 장소의 모습보다는 너의 모습이 나를 동요하게 만든다. 나는 상아와 유리로

---

84 여기서 철학이 사용하는 '추방'이라는 어휘는 단순히 물리적으로 쫓겨난 것을 말하는 것이 아니라 신플라톤주의의 고유한 의미를 염두에 두고 사용한 것으로 봐야 한다. 인간은 지상의 세계에서는 참된 진리를 갖지 못하며, 진정한 조국 혹은 고향은 천상에 있다는 것이다. 이러한 개념은 원래 플라톤의 이데아 사상에 뿌리를 두고 있으며, 키케로는 《투스쿨룸 대화》1권 Ⅱ. Ⅴ. 24에서 "영혼은 몸에서 나왔을 때, 마치 자신의 고향인 듯 천상으로 돌아간다"라고 표현했다.

85 여기서 이야기하는 조국(patria)은 철학을 뜻한다. 그 안에서는 원한다면 나갈 수 있으나 누구도 추방하지는 못한다.

86 원문에는 희랍어로 기록되어 있다. 호메로스, 《일리아스》2권 204행.

벽이 장식된 서재[87]를 찾는 게 아니라 네 정신의 창고를 찾고 있는 것이다. 그 안에 나는 책이 아니라 책들을 가치 있게 만들어 주는, 한때 나의 것이었던 책 속의 생각을 모아 놓았으니. 7 그리고 네가 공동의 선을 위해 실현한 가치에 대해 말한 것은 옳기는 하지만 네가 행했던 많은 것들에 견주면 사소한 것들이구나. 8 너에 대한 고발들이 옳은 것이었는지 아니면 거짓 근거에 따른 것이었는지에 대하여 모든 사람들이 알고 있는 바를 상기시켜 주었을 뿐이다. 밀고자들의 죄악과 거짓 증언에 대해서는 전말을 알고 있는 필부의 입을 통해 더 잘, 그리고 풍성하게 알려질 것이니 간단하게 언급해야 한다고 생각했던 것은 옳다. 9 게다가 너는 부당한 원로원의 행위를 격렬하게 책망했지. 또한 나에 대한 죄목 때문에 괴로워했으며 네 의견이 공격당해 받은 처벌로 눈물 흘렸다. 10 결국 운명을 맞닥뜨림으로써 고통은 커졌고, 가치에 맞는 정당한 보상이 주어지지 않는다고 한탄하며 분노한 노래의 마지막에 하늘을 지배하듯 땅도 역시 평화가 다스리기를 기원하였구나. 11 그러나 격정의 커다란 동요가 너를 짓눌렀고, 지금 네 정신이 그러하듯 슬픔, 분노, 탄식이 너를 반대편으로 끌어가 버려 더 강력한 치료제가 아직은 너에게 소용이 없겠구나. 12 그러니 나는 잠시 가벼운 치료제들을 사용할 것이다. 이는 동요가 네 안으로 흘러드는 바람에 부풀어 굳어진 것들을 진정시켜 부드럽게 하여 더 강력한 약의 힘을 받아들일 수 있도록 하기 위함이다.[88]"

---

87 보에티우스가 과거에 향유했던 부를 의미한다.

시 6

포이부스의 빛으로 인해 고통스럽게

칸케르[89]의 성좌가 끓어오를 때

그때 거부하는 쟁기에

수많은 씨앗을 맡긴 그 자는

케레스[90]에 대한 믿음에 속아 넘어가   5

참나무로 달려가게 될 것이다.

사나운 아퀼로[91]들로 인해

평원이 윙윙 울며 두려워할 때

제비꽃을 고르고자

어두운 숲을 찾지 마라.   10

또한 포도를 맛보고 싶다고 해서

탐욕스러운 손으로

봄에 솟아난 가지를 꺾으려 하지 마라.

오히려 가을이 되어야

---

88 위안 문학에서 자주 나타나는 표현이다. 슬픔 혹은 고통은 점진적으로 다스려야 하며 만약에 처음부터 너무 강한 약을 처방하면 오히려 역효과가 생긴다. 키케로의《투스쿨룸 대화》4권 29. 63, 세네카의《어머니 헬비아에게 보내는 위로》1권 2 참조.

89 Cancer, 게자리. 게자리는 6월 20일에서 7월 20일 사이에 태양이 지나는 자리에 위치한다. 이 시기는 씨를 뿌리기에 적절하지 않다.

90 희랍 이름은 데메테르. 대지의 여신이며 하데스의 부인이 된 페르세포네(라: 프로세르피나)의 어머니이다.

91 Aquilo, 북풍. 정확히는 북북동풍으로 건조한 바람을 몰고 오기도 하고 폭풍을 몰고 오기도 하는 바람이다. 희랍 이름은 보레아스(Boreas)이다.

15 바쿠스[92]가 자신의 선물을 가져다주는 법.
    각각의 일에 시간을 맞추어
    지시하는 것은 신이며,
    그 자신이 지배해 온
    저 계절의 변화가 바뀌도록 허락지 않는다.
20 그렇게 성급한 방법으로
    정해진 질서를 어지럽히는 것은
    행복한 결과를 가지지 못하리라.

산문 6

1 "그러니 먼저 너를 치료하는 데 어떤 방법이 적당한지 알기 위해 내가 짧은 질문들로[93] 네 정신 상태를 짚어 보고 시험해 보는 것을 이해해 주겠느냐?" 2 내가 대답했다. "알고 싶은 것을 물어보십시오." 3 그러자 그녀가 말했다. "너는 이 세상이 우연과 운에 의해 움직인다고 생각하느냐, 아니면 어떤 이성의 규칙이 그 안에 있다고 믿느냐?"[94] 4 그래서 나는 대답했다. "나는 그렇게 확실한 것

---

92 Bacchus. 유피테르(제우스)와 세멜레의 아들로 두 번 태어난 신이며 불멸의 상징이기도 하다. 희랍 이름은 디오뉘소스(Dionysos)이다.

93 이 부분은 플라톤의 대화편과 마찬가지로 질문과 대답을 통해 의도한 결론으로 대화가 나아가게 된다.

94 5권에서 다시 한 번 이 질문이 나온다. 그때 보에티우스는 점차 나아져서 좀 더 잘 준비된 상태로 질문에 답한다.

들이 운에 좌우되는 우연에 의해 움직인다고는 어떻게도 믿을 수가 없습니다. 오히려 나는 조물주인 신이 자신의 일을 관장한다고 알고 있으며 이 진실한 판단을 저버리는 날은 오지 않을 것입니다." 5 "실로 그러하다." 그녀가 말했다. "또한 조금 전에 너는 그러한 생각을 노래했으며 인간들만이 신의 관심에서 벗어나 있다고 탄식하였다.[95] 다른 것들에 대해서는 이성에 의해 지배된다는 생각이 흔들리지 않았구나. 6 아, 왜 그처럼 건강한 생각을 가진 네가 병들어 있는지 대단히 놀랍구나. 자, 더 깊이 생각해 보자. 대체 무엇이 결여되었다고 결론 내려야 할지 모르겠으니. 7 그러니 내게 말해 보아라. 이 세상이 신에 의해 다스려진다는 것을 의심하지 않는다면 어떤 통치 원리들로 다스려진다고 생각하는 것이냐?" 8 "당신이 무엇을 묻는 것인지 거의 모르겠습니다. 따라서 대답할 수가 없습니다." 9 "이를테면 단단한 벽에 난 틈을 통해 네마음에 혼란을 일으키는 병이 기어들었다는 점에서, 무언가가 결여되어 있다고 한다면 내가 잘못 생각한 것은 아니겠지? 10 그러니 내게 말해 보아라. 이 세상의 목적이 무엇이며, 온 자연의 의도가 무엇에 있다고 생각하는지 말이다."[96] "들었습니다만 슬픔으로 인해 기억이 흐릿합니다." 11 "그러면 만물이 어디서 나왔는지는 알고 있느냐?" "알고 있습니다. 신이라 답했습니다." 12 "근원을 알면서도 세상의 목적이 무엇인지 모를 수 있을까? 13 사실 마음의 동요가 일어나면 보통 이런 결과가 생긴다. 그러나 이러한 동

---

95   시 5에서 노래한 내용.
96   이 질문에 대해서는 이후 3권에서 답을 한다.

요가 미치는 힘은 인간을 어느 정도 움직일 만큼은 강력하지만 완전히 망치고 뿌리째 바꿀 수는 없다. **14** 나는 네가 이것에도 답하길 원한다. 너는 네가 사람이라는 것은 기억하고 있느냐?" "어찌 기억하지 못하겠습니까?" **15** "그렇다면 사람이란 무엇인지 설명할 수 있겠느냐?" "당신은 내가 이성적이며 언젠가 죽을 동물임을 알고 있는지를 물으시는 것입니까? 그렇다면 나는 알고 있으며, 내가 바로 그 동물임을 인정합니다." **16** "너는 그 외에 네가 다른 어떤 것임은 알고 있지 못한 것인가?" "모르겠습니다." **17** "이제 네 병의 다른 원인, 아주 커다란 원인을 알았다. 네 자신이 무엇인지 알려고 하는 것을 포기하였구나. 그렇다면 나는 병의 원인과 건강을 되찾을 방법을 확실하게 찾았다. **18** 너는 자신을 망각함으로써 혼란스러워졌기 때문에 자기가 추방된 자이며 재산을 빼앗겼다고 슬퍼한 것이다. **19** 실로 너는 세상의 목적이 무엇인지를 모르고 있기에 가치 없고 사악한 자들이 권력과 행복을 가졌다고 생각하고 있다. 또한 너는 세상이 어떤 통치 원리에 의해서 다스려지는지 잊어버렸기 때문에 운명의 이러한 결과가 통치자 없이 흘러가는 것이라고 믿고 있다. 이는 그저 병의 원인일 뿐 아니라 죽음에 이르는 원인이 되기도 한다. 하지만 자연이 너를 완전히 포기하지는 않았으니 건강을 관장하는 이에게 감사하여라. **20** 세계의 통치 원리가 무분별한 우연이 아니라 신의 원리에 의해 만들어졌다고 네가 믿고 있으니 우리는 그 통치에 대한 참된 생각을 네 건강의 가장 큰 불씨라 여기는 것이다. 그러니 어떤 것도 두려워하지 말라. 이제 이 작은 불꽃으로부터 네 생명의 열기가 불타오를 것이니. **21** 하지만 아직은 아주 강력한 치료제를 쓸 시간

056

은 아니다. 정신은 그 본성상 진실을 저버릴 때마다 혼란의 안개가 생겨나 참된 시야를 덮어 버리는 잘못된 판단에 사로잡히는 법이다. 그러니 잠시 가볍고 적당한 약으로 그 안개를 걷어 볼 것이다. 그리하여 그 거짓된 감정의 어둠이 사라지면, 참된 빛이 비추고 있음을 네가 알 수 있도록 해야겠구나."

시 7

검은 구름으로
뒤덮인 별들은
어떤 빛도
발할 수가 없도다.
사나운 아우스테르[97]가   5
바다를 뒤엎으며
파도를 사납게 만들면
청명한 날과 같이
잠시 빛나던
물결이   10
곧 흙탕이 되어
더러워진 채

---

97 Auster. 남풍. 겨울에 남쪽에서 올라오는 폭풍을 동반한 바람.

시야를 가리는구나.

높은 산에서

15 헤매며

가파르게 떨어지는 물줄기는

바위에서 부서진

돌덩이에 부딪혀

종종 가로막힌다.

20 너 또한

맑은 눈빛으로

진리를 판별하고

올바른 삶의 방식으로

좁은 길을 택하기를 원한다면

25 즐거움을 쫓아내고

두려움을 몰아내라.

또한 희망을 피하며

또한 고통이 머무르지 못하게 하라.[98]

이것들이 지배할 때

30 정신은 어두워지고

사슬에 얽매이게 되는 법이니.

---

98 스토아 철학에서 즐거움, 두려움, 희망, 고통, 이 네 가지 감정은 인간 정신의 가장 근본적인 감정들이다.

DE CONSOLATIONE

2권

PHILOSOPHIAE

산문 1

1 그녀는 이렇게 말하고서 잠시 입을 다물었고 적당한 침묵으로 나의 주의를 끈 후에 다음과 같이 이야기하기 시작했다. 2 "내가 네 병의 원인과 상태를 잘 파악한 것이라면 너는 과거의 운명[1]에 대한 미련과 갈망 때문에 스스로를 소진하고 있는 것이다. 네가 생각하듯, 그 운명이 바뀌었다는 사실이 네 마음을 그토록 어지럽히고 있구나. 3 나는 저 괴이한 것[2]이 보여주는 여러 모습의 속임수를 알고 있다. 또한 부지불식간에 버려질 자들을 참을 수 없는 고통에 빠뜨릴 때까지, 그 운명이라는 것은 자신이 파멸시키고자 하는 자들과 굉장히 즐거운 친분을 유지한다는 것 역시 잘 알고 있다. 4 운명의 본성과 법칙 그리고 가치를 네가 되새겨 본다면[3] 그 안에서 네가 뭔가 아름다운 것을 가지지도 못했으며 잃어버리지도 않았다는 것을 깨닫게 될 것이다. 하지만 너에게 이러한 것들을 상기시키려 애쓰지는 않겠다. 5 왜냐면 운명이 네 곁에 있으면서 아첨할 때, 너는 그 운명을 강건한 말로 질책하고 나의 성소로부터 가져온 생각으로 비난하곤 했으니 말이다.[4] 6 사실 사물

1　문맥상으로는 행운을 의미하는 것으로 보인다. 다만 운명(fortuna)은 기본적으로 양면적인 성질을 가지고 있기 때문에 '과거의 운명'은 이제껏 보에티우스가 누렸던 행운을, '현재의 운명'은 지금 닥쳐온 불운을 가리킨다.

2　운명을 가리킨다.

3　2권에서는 운명의 거짓됨과 가변성의 원인에 대한 논의가 이루어진다. 철학이 1권에서 한 이야기는 부드러운 처방에 해당하는 것으로 인간의 삶과 행동의 도덕적 측면에서만 효력을 발휘한다. 그러한 처방을 통해 인간은 운명에 대한 믿음을 버리게 되고, 이후에 이 작품의 마지막 두 권에서 좀 더 강력한 처방이 등장한다.

의 모든 갑작스러운 변화는 이를테면 어떤 마음의 파동을 동반하여 다가온다. 그처럼 너 역시도 잠시 너의 평온함으로부터 멀어지게 된 것이지. 7 하지만 이제는 뭔가 부드럽고 즐거움을 주는 것을 마시고 맛보아야 할 때다. 그것이 네 깊은 곳으로 스며들면 더 강력한 약에 이르는 길을 만들어 줄 테니 말이다. 8 그러니 수사학적 매력을 가진 설득이 자리하게 하여라. 그 설득은 나의 가르침을 저버리지 않을 때,[5] 그리고 또한 설득과 함께 내 집의 하녀인 음악[6]이 때로는 가볍게 때로는 무거운 운율로 노래할 때, 그때에만 올바른 길로 나아간다.[7]

9 그러니, 인간이여, 너를 탄식과 슬픔으로 내던진 것이 무엇인가? 내 생각으로는 네가 뭔가 지금껏 경험해 보지 못한, 이상한 것을 본 것 같구나. 너는 운명이 너를 적대하는 쪽으로 바뀌었다고 생각하고 있지만 그건 잘못 알고 있는 것이다. 10 그것이 운명의 법칙이며 본성이다. 네 주변에서 자신의 모습을 바꾸면서 오히려 고유한 항상성을 지키는 것이지. 아첨할 때, 거짓된 행운의 매력으로 너를 현혹할 때가 그러했다. 11 너는 이제 눈먼 신[8]의 두 얼굴

---

4 철학이 이와 같이 이야기하는 것은 운명의 가변성에 대한 비난이 도덕 철학의 토포스를 이루기 때문이다. 즉 철학에서 자주 사용되는 주제이다.

5 이 작품의 초반에 나타났듯이 철학은 시의 무사 여신들을 무익함과 위험성 때문에 쫓아냈으며, 여기서도 같은 방식으로 수사학 역시 철학을 적용할 때만이 올바른 힘을 발휘할 수 있다는 점을 보여주고 있다.

6 일시적인 즐거움을 주는 음악이 아니라 플라톤이 철학적인 면에도 적용했던 것처럼 인간의 마음에 정당한 행동 방식이나 합리적인 인식을 심어 주기에 적절할 정도의 음악이다. 보에티우스는 젊은 시절에 이러한 철학적인 의도를 가진 음악에 대한 저술을 하기도 하였다.

7 수사학은 산문에, 음악은 운문에 적용되고 있다.

8 행운의 여신을 가리킨다.

을 알게 되었다. 다른 이들에게는 아직 자신을 숨기고 있는 운명이 너에게는 온전히 드러난 것이다. **12** 만약 네가 이를 인정한다면 불평하지 말고 그 방식을 이용하여라. 네가 그 거짓됨에 몸서리를 친다면, 그렇게 위험한 것들을 놀잇거리로 삼는 운명을 멀리하고 내던져 버려라. 지금 너를 그토록 크게 탄식케 하는 원인인 그 운명은 평온함의 원인이어야 했다. 왜냐하면 자신을 버리지 않을 것이라 누구도 확신할 수 없는 그 운명이 너를 버린 것일 뿐이니 말이다. **13** 실로 너는 떠나가 버릴 행운을 값어치 있는 것으로 생각하는 것이냐? 머무른다는 믿음도 없이 네 곁에 머물고, 떠날 때는 슬픔을 키울 그 운명이 사랑스러운 것이냐? **14** 그러나 의지로 붙잡을 수도 없고, 도망치면서 사람들을 불행하게 만든다면, 운명이란 달아나면서 미래의 재앙을 보여주는 징조 외에 다른 무엇이겠느냐? **15** 또한 눈앞에 놓여 있는 것을 보는 것으로는 충분하지 않을 것이다. 일의 결과는 지혜가 판단하는 것이고 운명이 양쪽으로 변화할 수 있다는 사실은 운명의 위협을 두려워할 필요도, 운명의 아첨을 기대할 필요도 없도록 만드니 말이다. **16** 결국 운명의 굴레에 일단 목을 걸었다면, 운명의 영역으로 무엇이 들어오든지 너는 평정한 마음으로 견뎌야만 할 것이다. **17** 그런데 만약 네가 스스로 너의 주인으로 선택한 그 운명에게 머무르고 떠나는 규칙을 정해 주길 원한다면, 이는 부당한 일이며 네가 바꿀 수 없는 그 숙명을 견디지 못해 자극하는 것 아니겠느냐? **18** 만일 네가 바람에 돛을 올린다면, 네 의지가 원하는 쪽이 아니라 바람결이 몰아가는 쪽으로 펼치겠지. 혹여 밭에 씨를 뿌린다면, 풍년과 흉년을 예상해야 할 것이다. 네가 너 자신을 운명의 지배에 맡겼으니,

주인의 법에 복종하는 것이 당연한 것이다. 19 그런데도 너는 돌아가는 운명의 바퀴를 붙잡고자 하느냐? 모든 필멸하는 것들 중에 가장 어리석은 자여, 운명이 머무르려 한다면 그것은 운명이기를 포기하는 것이다."

시 1

이 운명이 오만한 오른손을 들어 일련의 인간사를 뒤엎고
광포한 에우리푸스[9]와 같이 움직일 때,
조금 전 무시무시했던 왕들을 맹렬하게 몰아내고
패자의 보잘것없는 얼굴을 거짓되게 달래는구나.
그녀는 불쌍한 자들의 소리를 듣지도, 그 눈물을 거들떠보지도 않고   5
그들이 힘겹게 자아내는 탄식을 비웃는다.
그렇게 저 운명은 노닐고, 그렇게 자신의 힘을 과시하며
만약 누군가 동시에 바닥까지 떨어졌다가 행운을 누리기도 한다면[10]
운명이 자신에게 그토록 놀라운 힘이 있음을 보이는 것이리라.

---

9 에우리푸스 해협은 희랍의 보이오티아와 에게 해의 에우보이아 섬 사이에 있는 해협으로 물길이 좁아 물살이 빠르다.
10 행운과 불운을 동시에 가져오는 것은 우리가 보기엔 놀라워 보일 수 있지만 변화라는 속성을 기본적으로 가지고 있는 운명에게는 당연한 일이다.

산문 2

1 "나는 저 운명이 하는 말을 통해 너와 더불어 몇 가지 이야기를 하고 싶구나. 그러니 너는 운명이 정당하게 요구하는지 주의 깊게 보거라. 2 '인간이여, 왜 너는 매일같이 불평을 하며 나를 피고로 만드는 것이냐? 내가 너에게 대체 무슨 불의를 저질렀단 말이냐? 내가 너의 재산을 빼앗기라도 했느냐? 3 어떤 재판관 앞에서든 부와 권위의 소유에 대해 나와 다투어 보자. 만일 네가 이것들 중 어느 하나라도 어떤 필멸자의 소유임을 보인다면, 나는 네가 되찾고자 하는 것들이 너의 것임을 기꺼이 인정할 것이다. 4 자연이 너를 어머니의 자궁에서 끌어냈을 때, 아무것도 걸치지 않은 가난한 너를 내가 받아들였으며 내 힘으로 키웠다. 지금 네가 나를 못 견뎌 하는 것은 내가 호의를 가지고 열심을 다해 키웠고 내 권리에 해당하는 모든 것의 풍성함과 호화로움으로 너를 감쌌기 때문이다. 5 이제 나는 신경 쓰지 않는 편이 낫겠구나. 너는 남의 것을 사용하였을 때처럼 고맙게 여겨야지, 마치 네 것을 완전히 잃어버린 양 불평할 권리는 없다.[11] 6 그런데 너는 어찌 되풀이하여 한탄하느냐? 나는 어떤 폭력도 네게 행하지 않았다. 부와 명예, 그리고 그와 같은 여타의 것들은 나의 권리에 속하는 것이며, 그것들은 나를 자신들의 주인으로 알아 나와 함께 왔다가 내가 떠날 때 함께 떠나간다. 7 감히 확언하건대, 만약 네가 잃어버렸다고 불평

하는 것들이 네 것이라면, 어떤 식으로도 너는 잃어버리지 않았겠지. **8** 혹 나에게만은 내 권리를 행사하는 것이 금지되어 있단 말인가? 하늘에게는 빛이 환한 낮을 가져오고 그것을 어두운 밤으로 감추는 것이, 계절에게는 땅의 모습을 때로는 꽃과 열매들로 두르고 때로는 사나운 폭풍우와 추위로 뒤덮는 것이, 바다에게는 때로는 평온한 수면으로 호의적이지만 때로는 폭풍과 파도로 모두를 떨게 만드는 것이 허락되어 있다. 그런데 만족을 모르는 인간의 욕망은 나의 습성에 반하는 항상성에 나를 묶어 놓겠다는 것인가? **9** 이것이야말로 나의 힘이며, 내가 계속해서 즐기는 놀이이다. 나는 둥근 모양의 바퀴를 굴리면서 밑에 있는 것들을 꼭대기로, 맨 위의 것들을 바닥으로 바꾸어 놓기를 즐긴다. **10** 원한다면 올라가라. 단, 내 놀이의 규칙이 요청할 때 내려가는 것이 부당하다고 생각하지 말아야 한다는 조건이 있다. **11** 혹 너는 내 습성을 모르고 있었느냐? 너는 얼마 전까지 무시무시했던 뤼디아의 왕 크로이소스가 이내 퀴로스에 의해 절망스럽게도 장작더미의 불길에 넘겨졌다가 하늘에서 내린 비 덕분에 목숨을 건졌다는 것을 모르고 있었느냐?[12] **12** 파울루스가 자신이 사로잡은 왕 페르세스가 겪은 재앙에 따뜻한 눈물을 흘렸음을 잊었느냐?[13] 비극 작품에서 아우성치는 자들이 행복한 왕국을 마구잡이로 때려 뒤집어 놓

---

12 헤로도토스의 《역사》 1권 86~87 참조.

13 아마도 로마의 비극 작가인 파쿠비우스가 쓴 로마극 《파울루스Paulus》에 나오는 이야기 중 루키우스 아이킬리우스 파울루스가 기원전 168년에 마케도니아의 왕인 페르세스에게 거두었던 승리에 관하여 말하고 있는 걸로 보인다. 리비우스의 《로마사Ab Urbe Condita》 45 참조.

는 운명 외에 다른 무엇을 탄식하겠는가?[14] **13** 너는 어린 시절에 유피테르의 문지방에 '하나는 나쁜 선물이, 다른 하나는 좋은 선물이 있는 두 개의 항아리'[15]가 놓여 있다는 것을 배우지 않았느냐? **14** 만약 네가 좋은 것들의 편에서 더 풍요로움을 누렸다면, 또한 내가 완전히 너에게서 떠난 것이 아니었다면, 그리고 나의 이 변화무쌍함 덕분에 네가 더 좋은 것들을 바랄 수 있다면 어떻겠는가? 그런데도 너는 모든 이들과 같은 왕국에 있으면서도 마음이 지쳤다 해서 너만이 특별한 권리로 살아가기를 갈망하는 것이 아닌가?'"

시 2

빠른 숨결들로 자극된 바다가
많은 모래들을 어지럽히는 만큼,
혹은 별을 나르는 밤으로부터 나오는
뭇 별들이 하늘에서 빛나는 만큼,
5   그만큼의 재물을 쌓아 두고
풍성한 뿔을 가진 재화의 여신이 손을 거두지 않아도

---

14   19세기의 한 연구자는 이 내용이 파쿠비우스가 비극에 대해 언급한 부분일 것이라고 추측하고 있으나 현재 파쿠비우스의 작품들은 소실되어 정확한 내용은 알 수 없다.

15   호메로스의 《일리아스》 24권 527~528행에 나오는 내용을 인용한 것으로, 원문에는 희랍어로 쓰여 있다.

인간이라는 종족은 결코
가련한 불평을 하며 눈물 흘리기를 멈추지 않을지라.
엄청난 금을 가져 부유한 신이
기꺼이 기도를 듣고   10
빛나는 명예로 탐욕스런 자들을 장식해 준다 해도
그들은 여전히 아무것도 얻지 못한 듯
광기 어린 탐욕은 게걸스럽게 구한 것들을 삼키며
새로이 입을 벌린다.
후한 선물로 넘쳐나면서도   15
더 갖고자 하는 갈증에 목이 타들 때
어떤 고삐가 저 성급한 욕망을
확실한 한계 안에 붙잡아 둘 것인가.
걱정하고 탄식하며 자신을 가난하다고 믿는 자는
결코 부자가 되지 못할지니.   20

산문 3

1 "그러니 운명이 스스로를 변호하여 너와 이야기를 나눈다면, 진
정 너는 운명에 반론할 만한 것이 없을 것이다. 그러나 만일 네 불
평을 정당하게 변호할 만한 뭔가가 있다면 내놓아야 한다. 내가
말할 기회를 주마." 2 그리하여 내가 말했다. "실로 그 말씀들은
아름다우며 수사학과 음악의 달콤한 꿀로 가득 차 있습니다만, 단

지 들을 때만 즐겁게 해 줄 뿐입니다. 그렇지만 불행한 자들에게는 불행에 대한 생각이 뿌리 깊게 박혀 있습니다. 그리하여 즐거운 것들이 더 이상 귓가에 울리지 않을 때면 저 깊은 곳의 슬픔이 마음을 무겁게 내리누르지요." 3 그러자 그녀가 말하였다. "바로 그렇다. 이것들은 아직까지는 네 병에 대한 치료제가 아니라 끈질긴 고통을 달래기 위한 간단한 처방일 뿐이니까. 4 적절한 시기가 되면 깊숙하게 스며드는 약을 가져올 것이니, 너 스스로를 불행한 자라고 생각하지 마라. 혹시 너는 너의 여러 행운들을 잊은 것이냐?

5 훌륭한 사람들이 부모를 잃은 너를 돌봐 주었고, 국가의 지도자들과 혼인 관계를 맺도록 선택되었으며,[16] 친척 관계가 가장 가치 있는 것이니 네가 가까운 지인이 되기에 앞서 사랑받는 자[17]가 되고자 했던 것은 굳이 말하지 않겠다. 6 장인의 명예와 부인의 정숙함, 그리고 아들들의 기회[18]를 두고 누군들 네가 가장 행복한 자라고 이야기하지 않겠느냐? 7 누구나 다 알고 있는 것은 넘어가도 될 법하니, 나이 든 이들에게도 주어지지 않는 직위에 젊은 시절에 올랐다는 점은 넘어가지만, 비할 데 없는 네 행복의 정점은 언급하는 것이 좋겠구나. 8 만약 누군가가 필멸하는 세상사에서의 결실이 행복의 무게라 여긴다면, 밀어닥치는 불행이 얼마나 크

---

16 쉼마쿠스의 딸 루스티키아나와 결혼하면서 보에티우스는 가장 영향력 있는 귀족 가문의 일원이 되었다.

17 식구를 의미한다.

18 522년 보에티우스의 두 아들 플라비우스 쉼마쿠스와 플라비우스 보에티우스는 함께 콘술이 되었다. 귀족인 아버지와 자식들이 있다는 점에서 생기는 행운에 대한 언급은 위안 문학에서 일반적인 토포스로 사용된다.

든 저 빛나는 시절의 기억이 지워질 수는 없지 않겠느냐? 콘술이 된 두 아들이 원로원 의원들과 동행하고 평민들의 환호 속에 집을 나서는 것을 보았을 때, 민회에서 아들들은 콘술의 자리에 앉아 있고 너는 왕으로부터 칭송받는 연설가로서 재능과 달변을 가졌다는 영광을 누릴 때, 경기장에서 두 콘술의 가운데 앉아 승리자의 후함으로 운집한 군중의 기대를 만족시켰을 때[19]의 기억 말이다. **9** 내 생각으로는, 운명이 너를 매혹하고 자신의 애인처럼 사랑하는 동안 너는 그녀를 속였던 것이다. 너는 그녀가 어떤 개인에게도 준 적이 없는 선물을 받았다. 그러고서는 운명과 흥정을 하고자 하는 것이 아니냐? **10** 이제 그녀는 너를 질투 어린 눈으로 응시하고 있다. 네가 만약 즐거움과 슬픔이 얼마나 되는지 어떠했는지 따져 본다면, 이제까지 네가 행복하였음을 부정할 수 없을 것이다. **11** 그런데 그때 즐거운 것이라 여겼던 것들이 사라져 버렸다는 이유로 네가 행복하지 않다고 생각한다면, 지금 슬픈 것들이라 생각되는 것들 역시 사라질 테니 너 자신을 불행하다고 생각할 이유가 없다. **12** 혹 너는 삶이라는 무대에 지금 처음 발을 들인 방문객으로 온 것이냐?[20] 빠른 시간은 인간 자신도 종종 지워 버리는데 너는 인간사에 뭔가 항상성이 있다고 믿는 것이냐? **13** 사실 운명에 속하는 것들이 머무른다고는 거의 믿을 수 없지만, 설사 머무르는 운명이 있다 해도 삶의 마지막 날인 죽음은 있는 법

19 보에티우스가 정치적으로 정점에 이르렀을 때의 이야기로 이 책을 쓰기 2년 전인 522년 경의 일이다.

20 위안 문학이나 도덕적인 작품에 자주 나타나는 비유이다. 마르쿠스 아우렐리우스나 호라티우스, 키케로, 수에토니우스 등도 이러한 비유를 자주 사용했다.

이다. **14** 그러니 너는 뭐라 말할 것이냐, 너는 죽음으로써 저 운명을 버린다고 할 것이냐, 아니면 저 운명이 도망치면서 너를 떠난다고 할 것이냐."

시 3

포이부스[21]가 장밋빛 사두마차를 몰고 하늘에
빛을 뿌리기 시작할 때
태양의 불길에 억눌려 희미해진 별은
새하얀 모습으로 창백해진다.

5 숲이 따뜻한 제퓌로스[22]의 숨결을 받아
봄에 피는 장미들로 붉어질 때
먹구름 가득한 아우스테르[23]가 격렬하게 숨을 내뿜으면
아름다움은 이제 가지를 떠난다.
풍랑 없이 고요할 적에 바다는

10 종종 청명한 날씨로 반짝이지만
때로 아퀼로[24]가 평온한 바다를 향해
성난 폭풍우를 일으킨다.

---

21 태양. 1권 주 27 참조.
22 서풍. 1권 주 80 참조.
23 남풍. 1권 주 97 참조.
24 북풍. 1권 주 91 참조.

저 아름다움이 세상에서 유지되기 힘들다면,
그처럼 자주 변화한다면,
인간의 운명이 사라질 것임을 알며
부가 금세 지나가 버릴 것을 알지어다.
생겨난 것은 그 어떤 것도 변화하지 않은 채 머무르지 못한다.
이는 영원한 법을 통해 굳게 자리 잡았으니.

산문 4

1 그래서 내가 말했다. "모든 덕의 어머니여, 당신이 진리를 상기시켰습니다. 내 성공의 길이 대단히 빨랐음을 부정할 수는 없습니다. 2 하지만 바로 그 사실이 과거를 되새기는 나를 너무도 괴롭힙니다. 운명의 모든 불행 가운데 최악은 자신이 한때는 행복했었다는 것이니까요." 3 "하지만 잘못된 판단으로 벌을 받는 것을 두고 네 주변 상황에 그 책임을 돌려서는 안 된다. 만약 우연한 행복이라는 이 공허한 이름이 너를 움직인다면 네가 얼마나 많은 대단한 것들을 갖고 있는지 나와 함께 곰곰이 생각해 볼 필요가 있겠구나. 4 만일 네 운명의 전체 목록 가운데 가장 값진 소유가 신의 뜻으로 해를 입거나 파손되지 않은 채 보존되어 있다면, 가장 좋은 것을 가지고 있으면서 불행하다고 불평하는 것이 과연 정당하겠느냐?

5 그리고 인간들 가운데 가장 영광스러운 네 장인 쉼마쿠스가 건

강하고 안전하게 살아 있으며—그를 위해 너의 목숨을 대가로 치른다 해도 부족하지 않은 사람이니까—온전히 지혜와 덕을 갖춘 인물인 그가 자신의 것들은 내팽개쳐 둔 채 네가 당한 불의만을 탄식하고 있다.[25] **6** 또한 천성이 수수하고 정숙하며 예의를 지키는 데 있어 훌륭한 너의 아내가 살아 있다. 그녀의 성정을 간단히 말하자면 그 아버지를 닮았다 하겠구나. 그런 그녀가 살아서 이 삶을 증오하면서도 너를 위해 그 목숨을 지속하고 있으며 너를 그리워하며 눈물과 고통으로 말라 가고 있다. 그것이 유일하게 너의 행복이 줄고 있다는 것을 내가 인정하는 부분이다. **7** 콘술이 된 아들들에 대해서는 무엇을 말할 것이 있겠는가? 그 나이대의 젊은 이들에게서 그러하듯, 그들의 아버지나 할아버지의 재능의 전조가 이미 빛나지 않는가?

8 그러므로 인간의 가장 중요한 관심사는 생명을 유지하는 것인데, 생명 자체보다도 더욱 값지다는 것을 누구도 의심하지 않는 것까지도 갖고 있는 너는 얼마나 운 좋은 사람인가. 너의 행복을 안다면 말이다. **9** 그러니 이제 눈물을 멈추라. 아직까지 운명은 네 전부를 완전히 증오하지 않으며, 현재를 위로해 주고 미래에 희망이 없지 않음을 보장해 주는 닻이 잘 매어져 달려 있을 때는 거센 폭풍이 너를 집어삼킬 수도 없다." **10** 이에 내가 말했다. "그러니 잘 매달려 있게 해 주시기를 청합니다. 닻이 남아 있다면, 상황이 어떻게 되든 헤쳐 나갈 것입니다. 하지만 내가 가졌던 것들 중에

---

25 보에티우스가 이 책을 저술할 무렵은 이미 쉼마쿠스도 음모에 휘말린 후이다. 보에티우스는 유배되어 있어 소식을 전해 듣지 못했을 가능성이 높다.

얼마나 많은 것들이 사라져 버렸는지 당신도 아실 겁니다." **11** 그러자 그녀가 말했다. "우리는 어느 정도 진전을 보았구나. 네가 너의 운명을 한탄하지 않는다면 말이다. 하지만 나는 너의 행복에 뭔가가 빠졌다고 그렇게 슬퍼하고 걱정하며 불평하는 네 자만심을 참을 수가 없다. **12** 대체 누가 어느 모로 봐도 자신의 처지에 불평할 게 없을 정도로 행복으로 가득 차 있단 말이냐? 사실 모든 일이 잘 될 수 없다거나 영원히 지속될 수 없다는 걱정은 행복한 사람들의 조건[26]이다. **13** 어떤 자는 돈이 넘치지만 천한 혈통을 부끄러워하고 어떤 자는 그 가문이 명성을 만들어 주나 집안의 어려움에 갇혀 오히려 알려지지 않기를 바라기도 한다. **14** 어떤 자는 돈과 명예 둘 다 넘쳐나지만 아내가 없는 삶을 슬퍼하고, 어떤 자는 결혼에서는 행복하나 자식이 없어 다른 상속자를 위해 재산을 불리는 꼴이기도 하다. 또한 어떤 사람은 자식이 있어 행복하나 자녀들의 잘못으로 슬퍼하며 눈물 흘리기도 한다. **15** 그러니 누구도 그 자신의 운명의 조건에서 모든 것이 균형을 맞추기는 쉽지 않은 것이다. 사람들 각각에게는 겪어 보지 않은 자는 모르고, 겪어 본 자는 두려워하는 뭔가가 있는 법이니 말이다. **16** 또한 가장 행복한 자들의 생각은 대단히 연약한 것이어서, 모든 것이 자신의 의지대로 되지 않으면 불행에 익숙하지 않은 그들은 모두 아주 작은 일들에 쓰러진다. 게다가 가장 운 좋은 이들에게서 모든 행복을 빼앗는 것은 결국 아주 사소한 일들이다. **17** 만약 네 운

---

26 지금은 행복한 삶을 누리고 있다 해도 언젠가 그 행복이 무너지지 않을까 염려하는 것은 행복한 사람들 누구나 하는 걱정이라는 의미이다.

명에서 남은 것들 중에 아주 일부라도 손에 닿으면, 마치 하늘에 가까워진 것처럼 생각할 사람들이 얼마나 많이 있는지 짐작할 수 있겠느냐? 네가 유배라고 부르는 바로 이 자리가 이곳 토박이들에게는 고향이니 말이다.[27] **18** 그러니 네가 그렇게 생각하지만 않으면 불행이란 아무것도 아니며 반대로 모든 운명은 평정한 마음으로 견디는 자에게는 행복한 것이다. **19** 원치 않는 상황에 처할 때 자신의 처지가 바뀌기를 바라지 않을 만큼 행복한 자가 대체 누구란 말이냐? **20** 인간 행복의 달콤함은 얼마나 많은 고통과 함께 퍼지는 것인가! 그 행복은 누리는 사람에게는 즐거워 보인다 해도, 그것이 원한다면 떠나는 것을 막을 수는 없다. **21** 그러니 필멸하는 것들의 행복이 얼마나 가련한 것인지는 분명하다. 행복은 평정한 마음을 가진 사람에게도 영원히 지속되지 않으며, 걱정하는 자를 온전히 만족시켜 주지도 못하는 법이다.

22 필멸하는 자들이여, 너희는 너희 안에 있는 행복을 어찌하여 밖에서 찾고 있는 것이냐? 잘못과 무지함이 너희를 혼동케 하였구나. **23** 내가 너에게 가장 큰 행복의 으뜸이 무엇인지 간략히 보여 주마. 너에게 너 자신보다 더 가치 있는 것이 무엇이 있겠는가? 너는 없다고 이야기할 것이다. 그러니 네가 자신을 지배하게 된다면 너는 절대 버리고 싶지도 않고 운명이 앗아갈 수도 없는 것을 가지게 될 것이다. **24** 그리고 우연적인 일들 안에는 행복이 영속할 수 없음을 알기 위해 이렇게 생각해 보아라. **25** 만약에 행복이 이

---

27 이 말로 미루어 보아 보에티우스는 감옥에 갇혔다기보다는 단지 어떤 지역에 유배되었을 가능성이 높다.

성에 따라 살아가는 본성의 최고선이고, 최고선은 어떤 식으로도 빼앗길 수 없는 것이라 해 보자. 그렇다면 빼앗길 수 없는 것은 가장 탁월한 것이니, 행복이 지속하기 위해 변화하는 운명의 도움을 받을 리 없음은 자명하다. 26 게다가 쉽게 사라지는 저 행운에 올라탄 자는, 그 행운이 쉽게 변한다는 것을 알기도 하고 혹은 모르기도 한다. 만약 그가 모른다면, 눈먼 무지와 함께하는 어떤 운명이 행복해질 수 있겠느냐? 만일 그가 안다면, 행복이 떠날 수 있음을 의심조차 하지 않으니 행복을 잃어버리지 않을까 두려워할 수밖에 없다. 그러니 계속되는 두려움은 그를 행복하게 놔두지 않는다. 27 혹여 그가 행복을 잃어버려도 아무렇지도 않을 것으로 생각하겠는가? 잃어버리고도 평온한 마음으로 견딜 만한 것이라면 행복은 또한 대단히 하찮은 것이기도 하다. 28 그리고 너는 많은 증명을 통해 인간의 정신은 어떤 식으로도 죽을 수 없다는 사실을 믿고 체득하였다. 그것을 내가 알고 있으니 하는 말이지만, 우연한 행운은 육체의 죽음으로 끝나는 것이 명백하기에, 만약 죽음이 행복을 앗아갈 수 있다면 필멸하는 인간들의 모든 종족은 죽음의 경계에서 비참한 상태로 떨어지게 될 것임은 의심할 여지가 없다. 29 그런데 많은 사람들이 행복의 결실이 죽음뿐만 아니라 고통과 처벌을 통해서 만들어진다는 사실을 깨달았음을[28] 우리가 알고 있으니, 사라져서 인간을 불행하게 만들지 못하는 저 행복이 어찌 남아서 사람들을 행복하게 만들 수 있겠느냐?"

---

28 1권 산문 3의 9에 여러 철학자들이 고난을 겪었던 예가 있다.

시 4

주의 깊고 단단하게
오래갈 거처를 만들어서
울부짖는 에우루스[29]에도
쓰러지지 않기를 바라며
5 파도로 위협하는 바다를
걱정하지 않도록 신경 쓰는 자는 누구든
높은 산의 봉우리와 갈증 난 모래를
피하라.
봉우리는 거친 아우스테르가
10 온 힘을 다해 몰아대고
모래는 흩어져
지워진 무게를 감당하길 거부하는 법.
사랑스러운 거처의
위험천만한 운명을 피하여
15 낮은 바위에
군건하게 집을 세워야 함을 기억하라.
바람이 평온한 바다를 뒤집고
돌진하며 천둥소리를 낸다 해도,
평온을 품은 벽의 힘으로

---

29 Eurus, 남동풍 혹은 동풍.
30 '너'는 집을 가리킨다.

지어져 행복한 너[30]는
하늘의 화를 비웃으며
즐거이 삶을 영위할 것이다.

산문 5

1 "하지만 이제는 내 이성의 치료제가 네 안에 깊이 스며들었으니 조금 더 강한 약을 써야겠구나. 2 자, 만약 운명의 선물이 사라져 버리는 일시적인 것이 아니라면, 그중 진정한 네 것이 될 수 있는 게 무엇이냐? 또는 잘 살펴보고 따져봤을 때 무가치하게 되지 않을 만한 것은 어떤 것이겠느냐? 3 재물이 너희 것이기 때문에 가치 있는 것이냐, 아니면 그 본성 때문에 가치 있는 것이냐? 또한 그것들 중에서 더 가치 있는 것은 금이냐, 아니면 돈이 모여 생기는 힘이냐? 4 그리고 만약 탐욕이 실로 사람들로 하여금 항상 증오하게 만들고, 후함은 사람들을 빛나게 만드는 것이라 한다면, 이 재물들은 쌓아 두기보다는 쏟아 내야 더 빛나게 되는 것이다. 5 그런데 돈이 다른 사람에게 넘어가기 때문에 어떤 한 사람에게 머무를 수 없다고 한다면, 후하게 사용함으로써 다른 사람에게 넘어가 한 사람의 차지가 되지 않을 때에야 돈은 가치 있게 된다. 6 반면 만약 온 세상에 있는 돈이 오직 한 사람에게 모인다면, 그 돈은 다른 이들에게는 자취를 감추게 될 것이다. 목소리는 실로 많은 사람들의 귀를 똑같이 채울 수 있지만 너희의 재물은 잘게 나눠지지 않

고서는 넘어갈 수가 없다. 그렇게 될 때에, 재물이 떠난 이들은 더 가난하게 되는 것이 당연하다. 7 아, 그러니 하잘것없고 부질없는 재물이란! 재물 전체를 소유하는 것이 여러 사람에게 허락되지 않고 어떤 이들의 가난 없이는 누구에게도 오지 않는 것이구나.

8 혹 보석들의 찬란함이 눈을 떼지 못하게 하는 것이냐? 하지만 그 광채 속에 특별한 뭔가가 있다면 그 빛은 보석의 것이지 인간의 것이 아니다. 그러니 나는 사람들이 보석에 경탄하는 것이 매우 놀라울 뿐이다. 9 영혼의 움직임이나 통일성을 가지지 못하는 것이, 어찌하여 살아 움직이며 이성을 가지고 있는 본성에게 응당 아름답게 보일 수가 있단 말이냐? 10 설사 보석들이 조물주의 작품이며 무슨 색다름으로 아주 사소한 아름다움을 갖추고 있다고 해도 너희의 탁월함 아래 있으니 그것들은 어떤 식으로도 너희가 경탄할 만한 가치가 없는 것이다.

11 혹은 들판의 아름다움이 너희를 즐겁게 하는 것이냐? 어찌 아니겠느냐? 가장 빛나는 작품[31]의 아름다운 부분이니 말이다. 12 그런 식으로 우리는 때로 잔잔한 바다의 모습을 즐기고 그런 식으로 하늘과 별과 달과 해에 경탄한다. 그러나 이것들 중 어떤 것이 너의 것이냐? 그들의 광채가 어찌 감히 너의 영광이 되겠느냐? 13 혹시 너 자신이 봄철의 꽃들을 피워 장식하였다거나 아니면 너의 풍요로움이 여름의 열매들을 잘 익혀 부풀렸단 말이냐? 14 왜 너는 부질없는 기쁨에 사로잡히고, 바깥의 재물들을 네 것으로 끌어들이는 것이냐? 사물의 본성상 네 것이 아닌 것들을 운명이 네 것으로

---

31 이 세상을 뜻한다.

만들어 줄 수는 없다. 15 실로 땅의 열매들은 의심의 여지 없이 동물들의 먹이가 되어야만 하는 것이다. 하지만 만약 네가 부족함을 채우고자 한다면―그것이 너의 본성에 충분한데도―운명에게 과도한 것을 요구할 이유가 없다. 16 왜냐하면 본성은 아주 작은 것들로 만족할 수 있기 때문이다. 만약에 네가 이미 만족한 본성을 넘치는 것들로 눌러 담고자 하면 네가 쏟아 넣는 것은 전혀 즐겁지 못한 것이 되거나 해악이 될 것이다.

17 또한 지금 너는 아름다운 것이 형형색색의 옷들로 빛난다고 생각하고 있다. 만약 그 모양이 보기 좋다면 나는 재료 자체나 만든 이의 재능에 감탄할 것이다. 18 혹 몸종들의 긴 행렬이 너를 행복하게 만드는 것이냐? 만약 그들이 악한 습속을 가지고 있다면 집 안에 해로운 짐이 될 것이고 주인에게도 위험한 적이 된다. 반대로 만약 몸종이 훌륭한 자들이라 해도 어찌 다른 이의 훌륭함을 너의 재산으로 헤아릴 수 있겠느냐? 19 모든 점에서 네가 너의 행복이라 여기는 것들 중 어떤 것도 확실하게 너의 것이 아님이 분명하게 드러난다. 이렇듯 저것들 중에 갈망해야 할 아름다움이 전혀 없다면, 네가 잃어버렸다고 고통스러워하거나 가지고 있다고 기뻐할 이유가 무엇이란 말이냐? 20 반대로 만약 그들이 본성상 아름다운 것들이라 해도 그것이 네게 무슨 상관이 있겠느냐? 사실 이것들이 너의 재산에 포함되지 않는다 해도 그 자체로 네 마음에 들었을 것이다. 21 따라서 그것들이 너의 재산으로 들어와서 값진 것이 아니라 값진 것이라 여겨지기 때문에 네가 그것들을 너의 재산에 포함시키고자 했던 것이다.

22 그런데 너희는 그토록 크게 운명을 부르며 무엇을 원하는 것이

냐? 내가 생각하기로는 풍성함으로 부족함을 쫓고자 하고 있구나. 23 그렇다면 너희에게는 이와 같은 반대의 일이 벌어질 것이다. 여러 가지 값진 재산을 지키기 위해서는 많은 도움이 필요하다는 점에서, 엄청나게 많은 것들을 소유하는 자들은 엄청나게 많은 것들을 필요로 하고[32] 반대로 너무 많은 것들을 구하지 않으면서 본성의 필요에 따라 자신의 부를 헤아리는 사람은 적은 것만을 필요로 한다는 것은 자명한 일이기 때문이다. 24 그런데 바깥에 떨어져 있는 것들에서 자신의 행복을 찾을 정도로 그렇게 너희에게는 고유하고 내재한 좋은 것이 전혀 없는 것이냐? 25 이성 덕분에 신과 같아진 동물이 생명 없는 재산을 소유하지 않으면 다른 식으로는 빛나지 못한다고 여길 정도로 세계의 상황이 그렇게 뒤집어진 것이냐? 26 또한 다른 동물들은 자신의 것에 만족하는데, 정신적으로 신과 비슷한 너희는 그 훌륭한 본성을 위한 치장물들을 가장 천한 것들에서 구하면서 너희의 조물주에게 얼마나 큰 불의를 저지르고 있는지 모르고 있구나. 27 저 조물주께서는 이 땅의 모든 것보다도 인간 종족이 앞서기를 바라셨으나 너희는 너희의 존귀함을 저 천한 것들 아래로 밀어 떨어뜨리고 있는 것이다. 28 각각이 가지고 있는 모든 좋은 것을 그 주인보다 더 값진 것이라고 인정한다 해보자. 그 경우 사물들 중 가장 하찮은 것들을 너희의 행복이라고 판단한다면, 너희는 스스로의 평가로 자신을 저것들보다 아래에 놓게 된다. 29 이러한 결론은 실로 전혀 부당한 것이 아니다. 인간 본

---

32 당시에 사용되던 경구로 보인다. 호라티우스의 《송가Carmina》 3권 16. 42에도 비슷한 내용이 등장하며, 세네카도 《도덕에 관한 편지Epistulae morales ad Lucilium》 108. 11 에서 이와 같은 내용을 언급하고 있다.

성은 자신을 알 때, 그때에 다른 사물들보다 그만큼 뛰어나지만, 만약 자신을 알기를 포기한다면 짐승들 아래로 떨어지기 때문이다. 다시 말해 자기 자신을 알지 못하는 것은 다른 동물들에게는 본성에 속하는 것이나 인간에게는 악덕이 되는 법이다. 30 다른 이에게 속한 치장물로 자신을 꾸밀 수 있다고 판단하는 너희의 이 잘못은 얼마나 널리 퍼져 있는가! 31 하지만 그렇게 될 수는 없다. 즉 어떤 것이 자신에게 덧붙여진 것들로 인해 빛을 낸다면 덧붙여진 바로 그것들이 칭찬받을 것이나, 덧붙여진 것들로 감춰지고 덮인 그것은 여전히 그 자신의 추함에 머무르게 된다. 32 사실 나는 뭔가가 그 소유자에게 해를 끼친다면 결코 좋은 것이 아니라고 말해야겠다. 내가 거짓을 말하는 것이냐? 너도 아니라고 하겠지. 33 그런데 누구든 사악하고 다른 이의 것을 더 탐내는 자가 오직 자신만이 금이나 보석과 같은 것을 무엇이든 가질 자격이 있다고 생각할 때, 재물들은 그 소유자들에게 해를 끼칠 때가 매우 많다. 34 그러니 지금 창날과 칼을 걱정하며 두려워하는 네가 아무것도 갖지 않은 여행자로 이 삶의 여정에 들어섰더라면, 강도가 나타났을 때 노래를 부르겠지.[33] 35 오, 결국 사라질 재물의 행복은 놀랍구나! 네가 그것을 얻는다면, 너는 안전하기를 포기하는 것일 테니!"

---

33 로마의 풍자시인 유베날리스의 유명한 문장을 가져온 것으로 보인다. 《풍자시Saturae》 10. 21 참조. 다만 이런 식의 묘사는 당대에도 세네카나 에픽테투스 혹은 다른 이들에게서도 발견된다. 실제로 아우구스투스가 통치할 무렵 끝난 내전 이후에 길에 노상강도와 산적들이 많아서 당시 여행자들은 갑옷을 걸치고 다녔다고 한다.

시 5[34]

지난 시대는 너무도 행복하여
믿음을 주는 들판으로 만족하였고
게으른 사치로 오염되지 않아
저녁 무렵의 허기를
5 찾기 쉬운 도토리로 달래 주곤 했다네.
바쿠스의 선물을
꿀물과 혼합할 줄도[35]
세레스 인들의 빛나는 비단[36]을
튀루스의 약[37]과 섞을 줄도 몰랐구나.
10 숲은 건강한 잠을
흐르는 냇물은 마실 것을
높디높은 나무는 그늘을 주었다.
아직 바다의 깊은 곳을 가르며 나아가지도
사방에서 모인 상품들을 가지고
15 이방인이 되어 새로운 해안을 보지도 못했지.
그때는 사나운 전쟁 나팔 소리도 울리지 않았고
날카로운 증오에 젖지도 않아

---

34 이 시는 신화에서의 황금시대를 노래하고 있으며, 당시 문학에서 어디서든 쉽게 찾을 수
    있는 내용들을 모아놓은 것이다.
35 꿀과 포도주를 섞은 음료로 물숨(mulsum, 달게 만든다는 어원을 가지고 있다)이라 부른다.
36 동아시아(아마도 중국)에서 들어온 비단.
37 페니키아 지방의 유명한 교역 도시 튀루스는 특히 보랏빛 염료로 유명했다.

피가 두려움에 떠는 대지를 적시지 않았네.

잔혹한 상처가

피의 전리품임을 알지 못하였으니,   20

어찌 적개심 어린 광기가

처음으로 무구를 움직이고자 하였을까?

옛 시절의 관습으로 우리 시대를

되돌릴 수 있다면!

그러나 소유에 대한 타오르는 사랑은   25

아이트나[38]의 불길보다도 더 강렬하게 타오른다.

아아, 누가 처음이었을까?

감춰진 금덩어리와

숨기를 원하는 보석들을,

그 값비싼 위험을 파낸 자는 누구였을까?   30

산문 6

1 "그런데 참된 권위와 권력을 알지 못하는 너희가 하늘과 동등
하다고 생각하는 그 권위와 권력에 대해서는 뭐라 이야기해야 할
까?[39] 만일 그 권위와 권력이 사악한 자들에게 들어갔다면 그것들
은 불길을 뿜어 내는 아이트나와 홍수만큼이나 커다란 재앙을 주

---

38 이탈리아의 시칠리아 섬 동부에 있는 화산. 현재는 에트나라고 불린다.

었겠지? **2** 너도 기억하리라 생각하지만, 분명 자유의 시작이었던 콘술의 통치를 너희 조상들은 콘술들의 오만함 때문에 없애고자 하였으며, 그 이전에 그들은 바로 그 오만함 때문에 국가로부터 왕이라는 이름을 없애 버렸다.[40] **3** 하지만 만일 매우 드문 일이긴 하나, 언젠가 그러한 권위와 권력이 훌륭한 자들에 의해 수행된다면, 그것들을 사용하는 이들의 훌륭함이 다른 어떤 것보다도 좋은 것이 아닐까? 명예란 권위로부터 생기는 덕이 아니라 덕에서 생겨 나는 권위에 나타나게 되는 것이다. **4** 그런데 너희가 바라 마지않는 훌륭한 권력은 무엇이냐? 오, 이 지상의 동물들이여,[41] 너희가 누구이며 누구를 지배하는 것으로 보이는지 생각하지 않는 것이냐? 지금 만약에 네가 쥐들 가운데 어떤 한 놈이 스스로의 권리와 다른 이들을 능가하는 권력을 주장하는 것을 본다면, 얼마나 크게 비웃겠느냐! **5** 만약에 네가 몸을 살펴본다면, 종종 작은 파리가 문다거나 기어 다니는 벌레가 몰래 안으로 들어와 죽을 수도 있는 인간보다 더 연약한 것이 대체 무엇이 있는지 발견할 수 있겠느냐? **6** 실로 단지 육체와―나는 지금 운명에 대해 이야기하는 것이다― 육체 아래에 놓여 있는 것을 제외하면, 어떻게 누군가가

---

39 앞서 언급했던 것처럼 관직이나 정치권력도 역시 내부에 있는 것이 아니라 외부에서 온 것이기 때문에 참으로 좋은 것은 아니다. 이러한 생각도 위안 문학에서 자주 나타나는 것으로 키케로 역시 《투스쿨룸의 대화》 3권에서 덕으로부터 나온 영광과 인간의 권력으로부터 나온 영광을 구분하고 있다.

40 기원전 509년 오만왕 타르퀴니우스(Tarquinius superbus)가 축출당한 후로 로마에 공화정이 들어서게 된 것은 분명한 일이지만 콘술을 없애려 했다는 내용은 약간 의아한 부분이다. 아마도 공화정이 들어선 이후부터 호민관이 처음 선출되던 495년 사이에 콘술 2인만을 선출하던 때를 이야기하는 것으로 보인다.

41 누군가를 비판하거나 비난하려는 의도를 가지고 있을 때 자주 사용되던 표현이다.

다른 누구에게 권리를 행사할 수가 있단 말이냐? **7** 네가 자유로운 정신에 무엇을 명령하겠느냐? 굳건한 이성으로 조화를 이루고 있는 정신을 고유의 평온한 상태로부터 네가 떼어 낼 것이냐? **8** 한 참주가 자신을 모반한 무리의 공모자들을 밝히려고 어떤 자유민을 고문하려 할 때, 그는 혀를 깨물어 잘라서는 잔혹한 참주의 얼굴에 뱉었다.[42] 참주는 고문을 자신의 잔혹함을 보여줄 수단이라고 생각했지만, 현자는 그것을 덕의 소재로 만들었던 것이다. **9** 그런데 다른 이에게 행할 수는 있고 그 자신이 다른 이로부터 받을 수는 없는 것이 대체 무엇이냐? **10** 우리는 손님을 잡아 죽이곤 했던 부시리스[43]가 손님으로 온 헤라클레스에 의해 그 죗값을 치렀음을 알고 있다. **11** 레굴루스는 포에니 전쟁에서 사로잡힌 많은 이들을 사슬로 묶었지만 곧 그 자신이 승자들의 오라에 두 손을 내민 일도 있었다.[44] **12** 그렇다면 자신이 타인에게 가할 수 있는 행위를 타인이 자신에게 되갚지 못하도록 보장할 수도 없는데, 그런 인간의 권력이 대단하다고 생각하느냐?

13 게다가 어떤 자연적이고 고유한 선이 권위와 권력 자체에 내재해 있다면 그것들은 절대로 악한 자들에게 생겨나지는 못할 것

---

42 엘레아 학파 제논의 에피소드.

43 휘기누스가 쓴 《이야기들Fabulae》 31. 2에서 전하는 바로는 부시리스가 이집트의 왕이었을 때 이집트에 큰 기근이 들었다고 한다. 그러자 한 예언자가 외국인 한 명을 해마다 제우스에게 바치지 않으면 기근이 끝나지 않을 것이라 예언했는데, 그 후 헤라클레스가 이집트에 왔다가 사로잡혔다. 하지만 헤라클레스는 자신을 묶은 사슬을 끊고 부시리스를 죽였다.

44 마르쿠스 아틸리우스 레굴루스는 1차 포에니 전쟁(카르타고와 로마가 지중해 패권을 놓고 벌인 전쟁으로 기원전 264년부터 241년까지 지속되었으며 로마의 승리로 끝났다)에서 카르타고에 승리를 거두었으나 이후 크산티포스의 용병 부대에 패하여 사로잡혀 죽었다.

이다. 왜냐하면 자연은 반대되는 것들이 엮이는 것을 거부하기 때문에 서로 반대되는 것들이 함께할 수는 없으니 말이다. **14** 그러니 악한 자들이 대부분의 권위[45]를 갖는 것이 의심할 수 없는 일이라면, 악한 자들과 결부되기를 허용하는 것들은 본성상 그 자체로 좋은 것들이 아님은 분명하다. **15** 사악한 자에게 대단히 풍성하게 생겨나는 운명의 모든 선물들에 대해 생각해 본다면, 그렇게 생각하는 것이 더 적절하다고 평가할 수 있을 것이다. **16** 게다가 나는 그러한 것들에 대해서 다음과 같이 생각해야 한다고 여긴다. 즉 누군가에게 용기가 있음을 보았다면 그가 용감하다는 것을 의심할 사람은 없으며, 또한 빠름이 있는 자가 빠르다는 것도 명백한 일이다. **17** 그런 식으로 음악은 음악가들을, 의학은 의사들을, 수사학은 수사가들을 만들게 된다. 왜냐하면 일들의 본성은 각각의 고유함을 행하며 그와 반대되는 일들이 만들어 낸 것들과 섞이지 않고, 나아가 반대되는 것들을 배척하기 때문이다. **18** 그런데 재물은 만족을 모르는 탐욕을 없앨 수가 없고, 악덕으로 가득 찬 욕망들이 풀리지 않는 사슬로 얽어맨 권력은 스스로에게 지배력을 행사하지도 못할 것이다. 악한 자들에게 있는 권위는 그들을 가치 있게 만들기는커녕 오히려 그들을 배반하여 부당한 자들임을 드러낸다. **19** 어찌하여 그렇게 되는가? 그것은 너희가 다른 본성을 가진 사물들을 거짓된 이름으로 부르기를 즐기기 때문인데, 그 거짓 이름들은 저 일들 자체가 만들어 낸 결과들로 인해 쉽게 탄로

---

45 dignitas, 라틴어로 dignitas는 원래 권위를 의미하지만 자주 관직으로부터 나오는 권위나 관직 자체를 가리키는 의미로 쓰인다.

난다. 그래서 저 재물을 부라고, 저 권력을 힘이라고, 저 악한 자들의 권위를 권위라고 부르는 것은 정당할 수 없다. **20** 결국 모든 운명에 대해서 동일하게 결론이 날 것이다. 운명 안에는 어떤 바랄 만한 것도, 어떤 내재적인 선함도 없음이 명백하며 그 운명이라는 것은 항상 선한 이들의 편이 되지도 못하고 한편이 된 이들을 선하게 만들어 주지도 못한다."

시 6

우리는 알고 있도다, 그가 얼마나 큰 재앙을 가져다주었는지,

도시를 불태우고, 원로원 의원들을 죽였을 때,

그는 한때 잔혹하게 형제를 살해하였으며

솟구치는 어미의 피로 온 몸을 적셨고

차가워진 시신을 보고 어슬렁거리며   5

얼굴에 눈물 한 방울 흘리지 않고시

오히려 죽은 어미의 아름다움을 따지는 비평가가 될 수 있었다.[46]

그럼에도 이 자는 백성들을 왕의 홀로 다스렸구나.

그 백성들을, 바다 밑으로 그 빛을 감추며

동쪽 끝에서 떠오르는 포이부스가 살피고

_____

46   네로는 자신의 형제인 브리타니쿠스를 독살하고 어머니 아그리피나를 청부살해했다. 로마의 역사가 타키투스가 전하는 바로는 죽은 어머니의 몸을 보고서 칭찬했다는 에피소드는 확실하지 않다고 한다. 타키투스, 《연대기》14권 9 참조.

10　차가운 북두칠성이 그들을 억누르며
　　메마른 열기로 뜨거워진 노투스[47]가
　　들끓는 모래를 달궈 그들을 말라 죽게 만든다.
　　마침내 높이 떠오른 권능이
　　사악한 네로의 광기를 돌려놓을 수 있었도다.
15　적개심으로 가득한 칼이 잔혹한 악마의 손에 들릴 때마다
　　아아, 무거운 운명이여!

산문 7

1 그때 내가 말했다. "당신 자신이 언젠가는 소멸하는 것들에 대한 야심이 내게 거의 없음을 알고 계십니다. 다만 나는 덕이 침묵 속에서 늙어 가지 않도록 어떤 일들을 할 기회를 원했을 뿐입니다." 2 그러자 그녀가 말했다. "분명 본성은 탁월하지만 아직은 덕을 완성해 최종 목적지에 다다르지 못한 정신을 매혹할 수 있는 유일한 것이 있다. 아마도 영광에 대한 욕망, 다시 말해 국가의 가장 가치 있는 자들이라는 명성이 그것이겠지. 3 그것이 얼마나 사소한 것인지를, 또한 전혀 무게가 없는 것임을 잘 알아 두어라. 이 땅의 전체 둘레는 네가 천문학자들의 가르침으로부터 배웠듯이, 우주

47　Notus, 남풍. 앞서 나왔던 아우스테르와 같은 바람이다. 아프리카에서부터 올라오는 바람으로 건조하고 뜨겁다.

의 크기에 비교하면 한 점의 비율에 불과할 뿐이다. 다시 말해 만약 천구의 크기에 비한다면 실로 아무런 공간도 차지하지 못한다고 판단되겠지.[48] 4 그러니 프톨레마이우스가 증명했듯[49] 이 땅에서 우리에게 알려진 생물들이 살고 있는 이 작은 지역의 비율은 그 점의 겨우 사분의 일이라는 것을 너는 알고 있다. 5 이 사분의 일밖에 안 되는 곳의 얼마나 큰 부분을 바다와 늪이 차지하고, 얼마나 큰 부분에 불모의 지역이 펼쳐져 있는지를 감안한다면, 인간이 사는 지역은 좁다고 할 수조차 없을 정도만 남을 것이다. 6 그러니 너희는 이처럼 한 점의 어떤 조그만 부분에 둘러싸이고 갇혀서는, 명성을 떨치고 이름을 내세울 생각을 하고 있는 것이지. 그렇게 좁고 보잘것없는 한계 속에 갇힌 명성이 무슨 크고 대단할 게 있겠느냐? 7 게다가 작은 거처인 이 공간에 말과 풍습, 모든 삶의 방식이 다른 수많은 나라들이 있지만, 때로는 여행의 어려움, 때로는 언어의 차이, 때로는 교역의 부재로 인해 개인들의 명성만이 아니라 도시의 명성조차도 다른 국가로 전해지지 못한다. 8 그래서 마르쿠스 툴리우스[50]의 시대에 그가 어떤 책[51]에서 이야기했듯, 아직 공화국 로마의 명성은 카우카수스 산[52]을 넘어가지 못했

---

48 여기서 나오는 우주에 관한 내용은 대부분 키케로의《국가론》중 '스키피오의 꿈'에 바탕을 두고 있다.

49 이 내용은 키케로에서는 찾을 수 없다. 보에티우스는《천문 교육에 대하여De institu-tione astronomica》라는 책에서 프톨레마이오스를 다뤘지만 유실되었다.

50 키케로의 정식 이름은 마르쿠스 툴리우스 키케로이다.

51 《국가론》6. 22.

52 키케로가 언급한 카우카수스는 히말라야를 의미하는 것이었지만 보에티우스는 파르티아인들을 언급하고 있는 점으로 보아 정말로 카우카수스 산(현재의 코카서스 산)을 의미하는 것으로 보인다.

지만 그때도 이미 파르티아인들과 여타 그 지역의 다른 종족들에게는 그 명성이 거대하고 무시무시했다. 9 그러니 너희가 펼치고 크게 만들고자 하는 그 명성이 얼마나 좁고 제한된 것인지 너는 알겠느냐? 혹은 로마라는 이름의 명성조차 건너갈 수 없을 때, 로마인의 영광이 나아가겠느냐? 10 어떤 종족에게는 칭찬받을 만한 것이 어떤 종족에게는 처벌받아 마땅하다고 판단될 정도로, 다양한 종족들의 풍속과 제도가 서로 다르다는 점에 대해서는 뭐라 말할 수 있겠느냐? 11 만약에 명성이 널리 퍼져 누군가를 기쁘게 한다 해도, 결코 그의 이름을 수많은 사람들에게 알려지게 할 수는 없다. 12 그러니 누구든 자기 국민들 사이에 영광이 퍼지는 것에 만족해야 할 것이며, 저 불멸하는 명성은 한 종족의 경계 안에서 떨치는 데 그치게 될 것이다.

13 하지만 작가들의 변변치 못한 능력이 자신의 시대에 유명한 사람들을 기억하지 못해 얼마나 많이 지워 버렸는가! 설사 유명한 사람들이 기록되었다 해도, 길고 희미해진 오랜 기간이 그 저자들과 함께 그 기록들을 모두 감춰 버린다면 무슨 소용이 있겠느냐? 14 사실 내가 보기에 너희는 후대에 남겨질 명성을 생각하면서, 너희의 불멸함을 알리고자 하는 것으로 여겨진다. 15 그런데 만약 네가 영원이라는 무한한 세월[53]을 따져 본다면 네 이름이 오래간다는 점을 기뻐할 이유가 어디 있겠느냐? 16 한 점의 시

---

53 라틴어로 공간이라는 의미인 spatium의 복수형 spatia를 쓰고 있다. 시간을 공간적으로 생각하여 쓴 표현으로 원어 그대로 공간이라고 했을 때 일반적인 시간의 관념과 괴리감이 있기 때문에 세월이라 번역했다. 여기서는 시간이 공간과 같이 어느 정도의 물리적 크기를 가지고 있다고 생각하는 것이 이해하기 편할 것이다.

간을 1만 년[54]과 비교해 보면 둘 다 한정되어 있으니 아무리 작다 해도 비율이 있게 마련이다. 하지만 여러 해와 그 해들이 여러 번 겹쳐진 시간이라 하더라도 끝없는 지속성에는 비교조차 될 수가 없다. 17 이는 그들 서로 간에는 어떤 한계가 있을 것이며, 사실상 무한과 유한의 비교란 결코 있을 수가 없을 것이기 때문이다. 18 그러니 대단히 긴 시간 지속되는 명성이라 해도 절대 소진되지 않는 영원성과 함께 생각해 보면 작은 것이 아니라 아예 아무것도 아닌 것으로 여겨진다. 19 그런데 너희는 대중의 귀와 공허한 소문 말고는 제대로 행하는 바를 알지도 못하고, 양심과 덕의 뛰어남을 포기하고서 다른 사람들의 칭찬에서 보상을 구하고 있는 것이다. 20 이런 식의 하잘것없는 오만함에 대해 어떤 이가 얼마나 재미있게 농을 했는지 들어 보아라. 참된 덕을 갈고닦지 않고 오히려 거만한 영광을 위해 스스로 철학자라는 거짓된 이름을 붙이는 자를 어떤 사람이 경멸하여 공격하면서, 만약 모욕을 당하고도 가볍게 넘기고 참는다면 그가 철학자라는 것을 자신이 알게 될 것이라 말했다. 그러자 그자는 잠시 인내심을 발휘하여 모욕을 받아들이고서는 비웃듯 말했다. '이제 내가 철학자라는 걸 알겠소?' 그러자 그는 신랄하게 쏘아붙였다. '당신이 입을 다물고 있었다면 알았을 텐데 말이지요.'[55] 21 그런데 덕으로 영광을 구한다는 저 탁월한 자들에게—그 사람들에 대해서 이야기하고

---

54 1만 년이라는 시간은 소위 망누스 안누스(Magnus annus) 혹은 태년(太年)이라 불리는 것으로 태양과 달, 그리고 다섯 개의 행성이 우주가 처음 생겼던 당시의 자리로 돌아오는 데 걸리는 시간인 12,954년을 의미한다. 이 역시 키케로가 《국가론》 중 '스키피오의 꿈'에서 다루고 있는 내용이다.

있으니 말이다 — 마침내 죽은 후에 썩어 없어진 몸이 명성에 대해
무엇을 가져다주겠느냐? **22** 즉 우리의 철학을 믿기를 그들이 거
부하니 하는 말이지만, 만약 인간들이 완전히 죽어 버리는 것이라
면, 영광의 주인이라 여겨지는 그가 완전히 없어져 버릴 때, 어떤
영광도 남아 있지 않게 되는 것이다. **23** 그런데 만약 실로 그의 정
신이 스스로를 올바로 인식하고, 이 땅의 감옥으로부터 풀려나 자
유롭게 되어 하늘의 것을 구한다면,[56] 하늘의 것을 누리고 지상의
것들로부터 풀려남을 즐거워하며 지상의 모든 일들을 하찮게 여
기지 않겠느냐?"

시 7

경솔한 정신으로 오직 최고의 것들만을 추구하고
영광만을 믿는 자는 누구든
우주의 넓게 펼쳐진 공간과
지상의 좁은 자리를 깨달아야 하느니.
5   널리 칭송되는 이름이

---

55   플루타르코스의 저술에서도 등장하는 일화로 꼭 필요할 때 침묵하는 것이 철학자의 징
      표라는 것은 고대에 널리 퍼진 이야기였다. 이 이야기가 처음 어디서 나왔는지는 불분명
      하다.
56   플라톤의 《파이드로스》 62b에서 가져온 이미지로 제정기 철학에 널리 퍼져 있던 생각이
      었다.

작은 공간조차 채울 힘이 없음을 부끄럽게 여길 것이다.

아, 오만한 자들아, 어찌하여 죽음이라는 멍에서

헛되이 목을 빼고자 하는가?

멀리 떨어진 사람들에게 퍼져 나가는 명성이

그들에게서 회자되어   10

너희의 집안이 명예로운 이름으로 빛난다 한들

죽음은 높은 영광을 무시하고

비천한 목숨과 고귀한 목숨을 똑같이 덮치며

가장 높은 자들과 가장 낮은 자들을 동등하게 대하는 법이니.[57]

저 충성스러운 파브리키우스[58]의 뼈는 지금 어디에 있으며,   15

브루투스[59]와 엄격한 카토[60]는 무엇이 되었는가?

연약한 명성만이 남아서 몇 개의 글자로

공허한 이름을 보여주고 있구나.

그러나 우리가 영광스런 말들을 안다 한들

이미 사그라져 버린 이들을 안다고 할 수 있을까?   20

그러니 너희는 완전히 잊힌 채 누워

명성도 너희를 유명하게 만들어 주지 못한다.

---

57 모두에게 평등한 죽음에 관한 일련의 토포스들로 비문에서 자주 사용되는 내용들이다.

58 가이우스 파브리키우스 루스키누스. 기원전 282년 콘술로 로마 공화정에서 덕이 높기로
유명했다. 로마가 에페이로스의 피로스와의 전쟁에서 패했을 때 사절로 파견되었는데, 피
로스의 주치의가 피로스를 독살하자고 권유하였지만 이를 거부하고서 피로스에게 그 사실
을 알렸다. 피로스는 그의 강직한 성품에 감탄하며 대가 없이 포로들을 풀어 주었다고 한다.

59 기원전 44년 카이사르를 암살한 인물 중 하나. "브루투스, 너마저!"로 유명한 인물이다.

60 로마 공화정을 유지하기 위해 카이사르와 대적한 인물 중 하나로 스토아 학파의 철학자
이며 당대에 강직하고 청렴한 정치가로 유명했다.

헌데 필멸할 이름이라는 빛으로
삶이 더 오래 지속될 것이라 생각한다면
25 저 시간이, 늦게 온다 해도, 이 역시 앗아 갈 때
이제는 두 번째 죽음[61]이 너희를 기다리고 있으려니.

산문 8

1 "하지만 혹여 내가 운명과 끝없는 전쟁을 한다고 생각하지는 마라. 운명이 사람들을 속이기만 하고 아무런 유익함이 없다 하더라도, 그것이 자신을 드러내고, 얼굴을 보이며, 자신의 변덕을 인정할 때도 있는 법이다. 2 내가 무슨 말을 하는지, 아마도 너는 아직 알지 못하겠지. 내가 말하고자 하는 것은 대단히 놀라운 것이어서 몇 단어만으로는 그 의미를 보여주기가 어렵구나. 3 운명은 호의적일 때보다는 적대적일 때 사람들에게 더 이익이 된다는 것을 이야기하는 것이다. 운명은 매력적으로 보일 때 행운의 모습으로 속이지만, 변화로써 항구적이지 않음을 보여줄 때는 항상 진실하기 때문이다. 4 운명은 행운의 모습으로 사람들을 속이고 불행의 모습으로 사람들을 가르치며, 행운은 거짓 선의 위장된 모습으로 행운을 즐기는 자들의 정신을 옭아매고, 불행은 깨지기 쉬운 행운을 인식하게 함으로써 사람들의 마음을 풀어 준다. 그러니 행운은 바

---

61 사람들의 기억에서 사라짐을 의미한다.

람처럼 흘러들어 사람들로 하여금 항시 그 자신을 알아차리지 못하게 하지만, 불행은 경고를 하며 명쾌하여 그 불행의 단련을 통해 사람들을 현명하게 만든다는 것을 알아 두어라. 5 마지막으로 행운은 매력을 발산함으로써 참된 선으로부터 벗어나게 만들지만 불행은 대부분 갈고리를 가지고서 사람들을 참된 선으로 돌아오게 이끈다. 6 혹 너는 이 거칠고 무시무시한 운명이 믿음직스러운 친구들의 마음을 드러내 주고, 동료들의 참된 표정과 거짓된 표정을 구분해 주며, 떠나면서는 자신의 것들을 가져가 버리고 너의 것만을 남겨 놓는다는 사실을 가벼이 여기느냐? 7 네가 안전하고 운이 좋았다면—네게 그렇게 보이니 말이다— 이러한 것들을 얼마를 지불해야 얻을 수 있었겠느냐? 그런데도 지금 너는 잃어버린 재산을 슬퍼하는구나. 너는 가장 값어치 있는 재산인 친구들을 발견하지 않았느냐.”

시 8

세상이 변치 않는 믿음으로
조화로운 것들을 바꾸는 것을,
서로 부딪치는 원소들이
영원한 약속을 지키는 것을,
포이부스가 장밋빛의 나날들을   5
금빛 수레를 타고서 끌어올리는 것을, 사랑이 정하였도다.[62]

헤스페루스가 이끌었던

그 밤에게 포이베[63]가 명하도록,

탐욕스러운 바다가 파도를

10 정해진 경계에 붙잡도록,

자신의 한계를 넘는 것이

무성히 퍼지는 땅에게 허락되지 않도록,

이 일련의 일들을

땅과 바다를 지배하고

15 하늘에 명령하는 사랑이 정하였도다.

사랑이 고삐를 늦추면

지금 서로 사랑하는 것이 무엇이든

즉시 전쟁을 일으키고

또한 지금은 서로의 믿음과

20 아름다운 운동으로 움직이는

이 기계[64]를 흩어지게 만들 것이다.

이 사랑이 성스러운 계약으로

엮인 사람들까지도 지켜 주고 있으며

이 사랑이 결혼의 신성함을

25 순수한 열정으로 묶어 주며

이 사랑이 신뢰로 뭉친 동료들에게

자신의 법도를 명한다.

---

62 이 세계의 변화는 항상 사랑의 법칙에 지배된다.

63 Phoebe, 달.

64 우주를 의미한다.

오, 인간 종족은 행복하여라,
하늘을 다스리는 사랑이
너희의 마음을 인도한다면!   30

DE CONSOLATIONE

3권

PHILOSOPHIAE

산문 1

1 그녀가 이미 노래를 마쳤음에도, 계속 듣고 싶어 귀를 기울이며 즐거워하던 나는 노래의 달콤함에 붙들려 있었다. 2 잠시 후에 내가 말했다. "오, 지친 마음의 가장 훌륭한 위안이여, 당신이 얼마나 큰 생각의 무게로, 거기에 노래의 즐거움을 더하여 나를 되살아나게 만드셨는지! 이제 더 이상은 내가 운명의 타격을 감당치 못한다고 생각하지 않을 정도입니다. 그러니 당신이 더 강력하다고 말씀하신 그 약을 더 이상 두려워하지 않고 듣고자 간청합니다." 3 그러자 그녀가 말했다. "네가 조용히 내 말을 귀 기울여 듣고 있을 때 이미 알고 있었던 바로, 네 정신이 그와 같은 상태가 되기를 기다리고 있었다. 사실을 말하자면 바로 내가 그렇게 만든 것이다. 남아 있는 것들은 실로 그 맛은 쓰디쓸 것이나 더 깊이 받아들이면 달콤할 것이다. 4 그런데 너 스스로 듣기를 원한다 하니, 내가 어디로 너를 이끄려고 하는지 안다면 너는 얼마나 큰 열정으로 불타오를 것인가!" "어디로 이끄실 건가요?" 내가 물었다. 5 "네 정신이 꿈꾸는 그 참된 행복으로 이끌려 한다. 하지만 그저 진리의 모상模相에 사로잡힌 눈으로는 그 행복 자체를 들여다볼 수 없다."[1] 6 그래서 내가 말했다. "간청하니 그리해 주십시오. 또한 참된 행복이 대체 무엇인지 어서 보여주십시오." 7 "내 너를 위해 기꺼이 그리할 것이다. 하지만 네가 좀 더 잘 알고 있는 행복

---

1 플라톤의 《국가》에 등장하는 동굴의 비유를 지칭하는 내용이다. 세상이라는 동굴에 갇힌 인간은 오직 진리의 그림자만을 볼 뿐 진리 그 자체를 보지 못한다.

을 먼저 말로 보여주고 설명할 것이다. 네가 반대편으로 눈을 돌렸을 때[2] 참된 행복의 표식을 알아볼 수 있도록 말이다."

시 1

누구든 순결한 땅에 씨를 뿌리고자 한다면
먼저 땅에서 뿌리들을 없애고
낫으로 덤불과 잡초들을 베어 내어
케레스[3]가 새로운 곡물들로 무거워지도록 해야 한다.
벌들이 만든 꿀은 더욱 달콤한 법,   5
쓴 맛이 먼저 입을 채우고 나면.
노투스[4]가 구름을 몰고 다니는 천둥을 멈추면
별들이 더욱 사랑스럽게 빛나고,
루키페르[5]가 어둠을 몰아냈을 때에야
아름다운 아침이 장밋빛 말들을 몰고 온다.   10
한때 거짓된 행복을 바라던 너도
네 목에서 멍에를 벗어 버려라.
그리하면 참된 행복이 네 마음에 깃들 것이니.

---

2 세상에 속한 것이 아닌 참된 진리와 최고선으로 눈길을 돌린다는 의미이다.
3 대지의 여신. 1권 주 90 참조.
4 남풍. 2권 주 47 참조.
5 금성. 1권 주 78 참조.

산문 2

1 그러고선 잠시 시선을 고정시킨 채 마치 정신의 고귀한 자리로 침잠한 듯 있던 그녀는 이렇게 이야기를 시작했다. **2** "추구하는 바를 향한 노력이 만들어 내는 관심은 실로 다양한 방식을 통해 나아가지만 그럼에도 오직 행복이라는 목적에 도달하고자 한다.[6] 행복은 일단 갖게 되면 더 이상 어떤 것도 원할 수가 없는 선[7]인 것이다. **3** 그것은 모든 좋은 것들 중 최고이고 자신 안에 모든 좋은 것들을 담고 있다. 만약 그것에 뭔가가 없다면 최고일 수 없을 것이다. 왜냐하면 바랄 수 있는 외부의 것이 남아 있을 테니 말이다.[8] 그러니 모든 좋은 것들이 모여 완성된 상태가 바로 행복임이 명백하다. **4** 내가 말했듯, 모든 인간들이 이것을 얻으려고 다양한 방법으로 노력한다. 사실 인간의 정신에는 본래 참된 선에 대한 욕구가 있지만 길을 벗어난 잘못이 인간을 거짓 선으로 이끈다. **5** 이런 사람들 중 어떤 이들은 아무것도 부족하지 않은 것이 최고선이라고 믿으면서 재물로 풍성해지기 위해 애쓰고, 어떤 사람들은 선이란 가장 존경받을 가치가 있는 것이라 판단하여 명예를 얻어 국민들로부터 경외의 대상이 되기를 원한다. **6** 최고선은 최고 권력에 있다고 확신하는 사람들도 있다. 이들은 지배자가 되

---

6 많은 학자들은 이 말이 플라톤의 학설과 위안의 전통으로부터 나온 것이라고 보고 있다. 플라톤의《에우튀데모스》278e에서 모든 인간은 행복을 원한다는 내용이 나온다. 다만 목적은 하나이나 거기에 도달할 수 있는 길은 여러 갈래이고 헤맬 수도 있다.

7 bonum, 순우리말로 옮기자면 '좋음'이 되겠다. 다만 이 '좋음'이 윤리적인 측면에서 사용될 때 선이라 하는 경우가 있으므로 착하다는 의미에 한정되지 않은 선이라 보면 좋겠다.

8 플라톤에 기원을 둔 또 다른 정의.《필레보스》60b 참조.

길 원하거나 지배자들에게 붙어 있고자 애쓴다. 또한 어떤 이들은 명성을 가장 좋은 것으로 여겨 전쟁이나 평화 시의 기술[9]로 영광스러운 이름을 떨치고자 한다. 7 사실 많은 사람들은 기쁨이나 즐거움으로 선의 결실을 측정하곤 한다. 그래서 쾌락으로 넘쳐흐르는 상태가 가장 행복한 것이라 생각한다. 8 심지어 이것들의 목적과 원인을 서로 바꿔 가며, 권력과 쾌락 때문에 부를 원한다거나 돈 때문에 혹은 이름을 알리기 위해 권력을 추구하는 자들도 있다. 9 그래서 인간의 행위와 열망에는 이런 류의 것들과 관계된 의도가 있다. 이를테면 명성을 준다고 여겨지는 고귀함과 대중적인 호감, 즐거움을 위해 추구되는 아내와 자식이 그런 것들이다. 사실 가장 성스러운 종류는 친구와 관련된 것으로 이는 운명이 아니라 덕에 속하는 것이며 반면 나머지 것들은 권력과 쾌락을 위해서 취해진다. 10 또한 육체의 좋은 것들이 더 고귀한 것들과 관련되어 있다는 것은 명백하다. 즉 힘과 장대함은 강건함을, 아름다움과 빠름은 명성을, 건강은 쾌락을 만드는 것으로 보이니 말이다. 11 사람들이 이러한 모든 것과 함께 오직 행복만을 바란다는 것은 분명하다. 말하자면 누구든 다른 무엇보다 우선해 추구하는 그것을 바로 최고선이라고 판단한다. 그런데 나는 행복이 최고선이라고 정의했었다. 따라서 누구든 다른 것들보다 앞서 원하는 것이 바로 행복한 상태라 판단하는 것이다.

12 그런데 네 눈앞에는 재산, 명예, 권력, 영광, 쾌락 등 인간의 행복의 모습이 거의 다 놓여 있다. 실로 에피쿠로스는 그것들만을

---

9 평화 시의 기술은 연설을 의미한다.

염두에 두고서 결과적으로 자신에게는 쾌락이 최고선이라고 주장했다.[10] 왜냐하면 나머지 모든 것들도 정신에 즐거움을 가져다준다고 여겨지기 때문이다. 13 하지만 인간들의 갈망으로 돌아가서 보면, 인간의 정신은 기억이 흐려진다 해도 자신의 선을 추구하지만, 마치 술에 취한 듯이 어느 길로 되돌아가야 할지는 알지 못한다.[11] 14 네가 보기에 아무것도 요구하지 않는 자들은 잘못하고 있는 것이냐? 외부의 다른 것들을 필요로 하지 않고 모든 좋은 것들이 자족적으로 넘치는 상태만큼 행복을 이룰 수 있는 것은 분명 아무것도 없다. 15 그런데 가장 좋은 것이라면 존경받을 가치가 충분하다고 생각하는 사람들은 실수하고 있는 것이냐? 전혀 그렇지 않다. 왜냐하면 거의 모든 인간들이 얻고자 애쓰는 것은 그것이 무엇이든 비난받을 잘못이 아니기 때문이다. 16 혹 권력이 좋은 것들 안에 포함되어서는 안 되는 것이냐? 어떻게 그렇겠느냐? 그러면 모든 것에 훨씬 앞서 있음이 분명한 것이 힘없고 연약한 것이라 판단되어야 하겠느냐? 17 혹은 명성은 전혀 중요하지 않은 것이냐? 하지만 무엇이든 가장 두드러진 것이 가장 유명한 것이라고도 여겨지는 것은 부인할 수 없을 것이다. 18 사람들은 아주 작은 일들에서도 가지고 누릴 만한 것을 원하는 법이니, 행복은 걱정스럽거나 슬프지 않고 고통과 성가신 일에 엮여 있는 것도 아니라 말하는 것이 굳이 무슨 소용이 있겠느냐? 19 분명 사람들

---

10 에피쿠로스의 유명한 말이다. 키케로의 《최고선악론De finibus bonorum et malorum》
    1권 9장 참조.
11 플라톤에서 나오는 이미지로 몸에 주어진 영혼은 헤매고 걱정하며 마치 술에 취한 듯 현
    기증을 느낀다. 《파이드로스》 79c 참조.

이 얻고자 하는 것이 그러한 것들이며, 그 이유 때문에 부와 명예, 왕국, 영광, 쾌락을 원하는 것이니, 이는 이것들을 통해 자신에게 만족과 경외와 권력과 명성, 그리고 즐거움이 올 것이라 믿기 때문이다. **20** 그러니 그처럼 다양한 열정으로 사람들이 구하는 것이 바로 선이다. 그러므로 생각이 다양하고 서로 다르다 해도 선이라는 목적을 사랑한다는 점은 같을 때, 본성의 힘이 얼마나 큰지 쉽게 드러난다.[12]"

시 2

얼마나 큰 힘을 다양한 일들에 행사하는지
저 강력한 본성이, 어떠한 법칙들로
거대한 우주를 둘러보고 지키며
풀리지 않는 매듭으로 모든 것을
묶고 조이는지, 느릿한 선율과 함께   5
울림이 깊은 노래로 이야기하고 싶구나.
포에니의 사자들이 아름다운
사슬을 걸치고 인간의 손으로 주는
먹이를 받아먹으며 채찍을 견디고

---

12 신플라톤주의의 가장 기본이 되는 언명이기도 하고 기독교에서도 마찬가지이다. 인간의
    궁극적인 목적은 최고선으로, 이는 신과 동일시된다.

10   사나운 주인을 두려워한다 해도,
     피가 무시무시한 입을 적시면
     한때 물러나 있던 마음이 되돌아와
     거친 포효와 함께 자신을 기억하여,
     목에 매어 있던 줄을 풀어 버리고
15   가장 먼저 조련사를 잔혹한 이빨로 찢어발겨
     광기 어린 분노를 채운다.
     높다란 가지에서 재잘거리는 새가
     새장에 갇히는구나.
     그 새에게 꿀이 가득한 잔과
20   달콤한 사랑으로 많은 먹이를
     인간들의 즐거운 관심과 함께 준다 한들
     짜여진 새장에서 뛰어다니다
     숲의 즐거운 그늘을 본다면,
     흩뿌려진 먹이들을 발로 부수고는
25   구슬피 숲을 찾고
     달콤한 소리로 숲을 노래하리라.
     강인한 힘에 이끌린 나무는
     가지 끝을 아래로 향하여 구부리지만
     구부리던 오른손이 나무를 놓으면
30   똑바로 하늘을 바라보는 법.
     포이부스는 서편의 물결로 떨어지지만
     비밀스러운 길로 다시
     늘 떠오르는 자리로 마차를 돌린다.

모든 것은 자신이 돌아갈 길을 찾고
자신의 귀환을 즐거워하지만,
마지막과 시작을 엮어
자신의 끊임없는 순환을 만들지 않았다면
질서는 어떤 것에도 전달되지 않을지니.

산문 3

1 "지상의 동물들이여, 너희 또한 흐릿한 모상이기는 하나 너희의
원래 모습을 꿈꾸고 있으며, 저 행복의 참된 목적을 명확하게는 아
니어도 나름의 생각을 통해 내다보고 있다. 그 때문에 자연은 참
된 선으로 너희를 이끌고자 하나 여러 오류들이 바로 그 선으로
부터 너희를 끌어낸다. 2 그러니 생각해 보거라. 사람들이 자기
에게 행복을 가져다준 수단이라 여기는 것들을 통해 정해진 목적
에 도달할 수 있을지를 말이다. 3 만약 돈이나 명예 그리고 여타
의 것들이, 좋은 것들이 전혀 부족하지 않아 보이는 상태를 불러
온다면 우리 또한 사람들이 그것을 얻음으로써 행복해진다는 것
을 인정할 것이다. 4 그런데 만일 그것들이 약속하는 바를 만들
어 낼 수도 없고 좋은 것들을 많이 가지고 있지도 않다면, 분명 그
것들 안에 있는 행복의 모습이 거짓이라는 것이 밝혀지지 않겠느
냐? 5 그러니 먼저 얼마 전까지 재물이 풍족했던 바로 너에게 묻
겠다.[13] 저 넘쳐나는 재물들 사이에서 어떤 불의로 인해 생긴 걱정

이 너를 혼란스럽게 하지 않았더냐?" **6** 내가 말했다. "분명히 항상 괴로워하지는 않았지만 자유로운 마음으로 있었던 때를 기억할 수는 없습니다." **7** "그건 네가 결여되지 않기를 바라던 것이 없었 거나 존재하지 않기를 원했던 것이 있었기 때문이 아니었느냐?" "그렇습니다." 내가 대답했다. **8** "그러니 전자는 있기를, 후자는 없기를 바랐던 것이지?" "인정합니다." **9** 그러자 그녀가 말했다. "그런데 뭔가를 원하는 자는 그것이 없는 것이겠지?" "그렇지요." "뭔가가 없는 자는 절대로 스스로에게 만족하지 못하겠지." "만족 할 수 없습니다." 내가 말했다. **10** "그러면 너는 이러한 불충분함 을 재물이 풍족할 때 겪었겠지?" "어찌 아니겠습니까?" **11** "그러 니 재물이란 부족하지 않게도, 스스로 만족하게도 만들 수가 없으 며 그렇게 할 것을 약속하는 것처럼 보였을 뿐이다. **12** 또한 돈은 그것을 소유한 자가 원치 않는다 해도 떠나 버릴 수 있는 본성을 지니고 있다는 사실 역시 생각해 봐야 할 중요한 점이라고 생각한 다." "인정합니다." **13** "매일같이 더 강한 자들이 타인의 돈을 강 제로 앗아가고 있으니 어찌 인정하지 않겠느냐? 강제로 혹은 사기 로 원치 않게 빼앗긴 돈을 되찾겠다는 것이 아니면, 법정의 소송 들이 대체 어디서 온 것이겠느냐?" "사실 그대로입니다." **14** "그 러니 누구든 자신의 돈을 지키기 위해 바깥으로부터 도움을 구할 수밖에 없을 것이다." "누가 그것을 부정하겠습니까?" **15** "그런데 만약 잃어버릴 돈이 없다면 그러한 도움이 필요하지 않겠지." "의

---

13 3권은 참된 선의 문제를 다루고 있다. 기본적으로 플라톤의 사상 안에서 진행되고 있으 며 이 때문에 보에티우스의 작품 구조나 문체 역시 플라톤의 대화편을 모방하고 있다. 여기 서 시작되는 일련의 문답 형식이 그러한 모습을 잘 보여준다.

심할 여지 없이 그러하지요." 16 "그러니 사태가 반대로 뒤집혔구나. 즉 스스로를 충분하게 만든다고 생각되던 재물이 오히려 다른 사람의 도움을 필요로 하게 만들고 있으니 말이다. 17 그런데 부를 통해서 결핍을 쫓아낼 수 있는 방법이 무엇이 있느냐? 부자들은 배고프지 않을 수 있을까? 갈증을 느끼지 않을 수 있을까? 부자들의 손발은 추운 겨울을 느끼지 않는 것일까? 18 그래도 너는 부자들에게는 주린 배를 채우고 갈증과 추위를 쫓아 버릴 방법이 있다고 말할 게다. 그러나 그러한 방식으로 부유함을 통해 결핍이 달래질 수는 있겠지만 완전히 제거될 수는 없다. 말하자면, 항상 입을 벌리고 뭔가를 요구하는 이 결핍이라는 것이 부유함으로 채워진다고 해도, 여전히 채워야 할 것이 남아 있을 수밖에 없기 때문이다. 19 본성은 적은 것만으로도 충분하나, 탐욕은 절대 만족하지 못한다는 것은 굳이 이야기하지 않겠다. 그러니 만약 재물이 결핍을 몰아낼 수 없고 재물 자체가 자신의 결핍을 만들어 낸다면, 그러한 것이 만족을 주는 것이라 네가 믿을 만한 이유가 무엇이겠느냐?"

시 3

황금의 강이 흐른다 해도 탐욕스러운 부자는
충분한 재물을 모으지 못할 것이며,
홍해의 진주로 목을 장식하고

백 마리 소로 기름진 들판을 간다 해도

5 쓰디쓴 근심은 산 사람을 떠나지 않으며

덧없는 재물은 죽은 자와 동행하지 않으리.

산문 4

1 "물론 권위[14]는 그것을 얻은 사람에게 명예와 존경을 주는 법이다. 그런데 권위를 가지고 있는 자의 마음에 덕을 심고 악덕을 쫓아낼 정도의 힘이 관직에 있겠느냐? 2 분명 그것들은 악덕을 몰아내는 것이 아니라 오히려 빛내 준다. 그래서 우리는 가장 악한 자들이 종종 그런 직위를 차지하는 것을 비난한다. 따라서 카툴루스[15]는 노니우스가 관직에 있었어도 그를 타락한 자라 부른 것이다.[16] 3 너는 저 관직이라는 것이 악한 자들에게 얼마나 큰 불명예를 던져 주는지 알고 있느냐? 만약 명예를 통해서 유명해지지 않는다면 분명코 저들의 부당함은 거의 드러나지 않을 것이다. 4 너 또한 데코라투스[17]가 매우 악한 광대이자 밀고자의 마음을 가지고 있다는 것을 알았다면, 그와 함께 관직을 수행하는 것이 큰 위험

---

14 앞서 언급한 바와 같이 관직으로부터 오는 권위를 염두에 두고 읽어야 한다.

15 가이우스 발레리우스 카툴루스(기원전 84~54년). 로마의 서정 시인.

16 카툴루스는 시에서 노니우스라는 자에 대해 "보잘것없는 노니우스가 행정관 의자에 앉아 있구나"라고 노래하였다(시 52).

17 510~520년 사이에 테오도리쿠스 황제 밑에서 궁정 재무관 직책을 맡았던 인물로 보에티우스보다 먼저 죽었다. 보에티우스가 그를 왜 광대에 밀고자라고 생각했는지는 분명하지 않다.

임에도 그 위험으로 이끌려 갈 수 있었겠느냐? 5 우리가 바로 저 명예에 합당하지 못하다고 판단한 자들을 명예가 있으니 마땅히 존경받을 만한 자들이라 판단할 수는 없는 노릇이니 말이다. 6 하지만 만약 어떤 사람이 지혜가 뛰어나다는 것을 알고 있다면, 너는 그가 받는 존경이나 뛰어난 그 지혜가 그에게 합당하지 않다고 생각할 수가 있겠느냐?"그럴 수는 없습니다." 7 "권위라는 것은 오직 덕 안에 내재해 있는 것으로, 덕이 함께하는 이들에게 권위가 생긴다. 8 대중적인 명예는 그러한 과정을 만들어 낼 수 없으니 그 명예들이 권위의 고유한 아름다움을 가지지 못할 것은 자명한 일이다. 9 여기서 다음과 같은 것을 더욱 주의해야 할 것이다. 즉 만일 많은 사람들에게 비난받을수록 그만큼 더 비천해진다면, 권위는 더 많은 대중 앞에 내보임으로써 그들을 존경받도록 만들 수는 없으므로 오히려 악한 자들을 더욱 멸시받게 만든다. 10 분명코 이런 일은 처벌 없이 일어나지는 않는다. 악한 자들은 그들이 그 권위를 더럽히는 것에 상응하는 대가를 치르게 되기 때문이다.

11 그리고 이 그림자와 같은 권위를 통해서는 저 참된 존경에 닿을 수 없다는 것을 깨달으려면 이러한 것들을 생각해 보아라. 만약 여러 번 콘술을 지낸 자가 우연히 이방의 국가에 떨어진다면, 그의 명예가 그를 이방인들에게 존경받도록 할 수 있겠느냐? 12 만약 이러한 본성이 권위에 있다면, 분명히 권위는 세상 어디에서든 그 임무를 멈추지 않을 것이다. 마치 불이 세상 어디에 있더라도 절대 뜨겁게 만드는 일을 멈추지 않는 것과 같이. 13 하지만 권위가 존경과 함께하는 것은 권위의 고유한 능력

이 아니라 단지 인간들의 거짓된 의견이 권위에 덧붙여 주는 것일 뿐이므로, 저 권위를 대수롭지 않게 여기는 사람들에게서 권위는 사라져 버린다. 14 아닌 게 아니라 이러한 일이 저 바깥 나라에서 일어나고 있다. 그렇다면 그 권위가 원래 생겨난 그 사람들 사이에서는 지속되겠느냐? 15 분명 한때 프라이토르는 대단한 권력을 지니고 있었지만, 지금에 와서는 허명뿐이며 원로원 재정에 큰 짐이 되었다.[18] 예전에는 누군가가 인민의 1년 수입을 감독한다면 대단하다고 여겼겠지만, 지금 그 직위보다 더 천대받는 일이 무엇이 있느냐?[19] 16 조금 전에 내가 말했듯이, 권위라는 것은 고유한 가치를 지니고 있지 않기 때문에 권위를 사용하는 사람들의 생각에 따라 때로는 광채를 얻기도 하고 때로는 잃어버리기도 하는 것이다. 17 그러니 누군가를 존경받도록 만들 수도 없고, 게다가 악한 자들이 손대 더러워지고 시간이 지남에 따라 그 빛을 잃고 뭇 인간들의 평가에 따라 가치를 잃어버리게 된다면, 추구되어야 할 어떤 아름다움을 권위가 자신 안에 가지고 있다는 것이냐? 그것은 절대로 다른 것들보다 나은 것이 아니다."

---

18 1권 주석 52에서 언급했듯이 프라이토르는 제정기에 그 역할이 축소되어 속주의 재정을 담당하는 것 외에 별다른 역할을 하지 못하는 자리였으나, 원로원 의원이 되려면 꼭 거쳐야 하는 자리였다. 그렇기 때문에 원로원 의원들의 입장에서는 꼭 내야 하는 세금으로 인식될 정도였다.

19 카이사르의 정적이었던 폼페이우스(기원전 106~48년)를 염두에 두고 하는 말이다. 폼페이우스는 폼페이우스 망누스(Magnus)라고 불리었으며 1년간의 곡물 관리 직책으로 유명해졌는데, 이 직책이 후대에는 아프리카와 시칠리아에서 충분한 곡물이 수입되면서 잡일들을 수행하는 직책으로 전락하였다.

시 4

튀루스의 보랏빛 예복과
눈처럼 하얀 보석들[20]로 치장하였다 해도
네로는 그 잔혹한 사치 때문에
모든 이들의 미움을 받으며 살았다.
헌데 이 악인은 존경받아 마땅한 원로원 의원들에게   5
때론 치욕스러운 영예들을 선사하였으니
가련한 자가 주는 그러한 명예를
누가 행복하다 생각할 것인가?

산문 5

1 "혹시 왕권이나 왕과의 친밀한 관계가 누군가를 권력자로 만들어 줄 수 있을 것이라 생각하느냐? 그들의 행운이 영원히 지속될 때에야 어찌 아니겠느냐? **2** 하지만 어떤 왕들이 행운을 재앙으로 바꾸어 버렸는지, 옛 시대는 그 예들로 가득 차 있고, 심지어 오늘날도 그러한 예가 수없이 많다. 오, 고귀한 권력이여, 자신을 보존할 힘조차 없어 보이는구나. **3** 그런데 만약 국가의 이 권력이 행복의 창조자라면, 어떤 부분에서 권력이 없어지면 행복이 줄어들

---

20 진주.

고 불행이 오지 않겠느냐? **4** 인간의 왕국들이 널리 퍼진다 해도 왕들이 지배하지 못할 만큼 많은 사람들이 여전히 남아 있을 수밖에 없다. **5** 사실 권력이 사람들을 행복하게 만들지 못하는 어떤 부분에는 권력의 부재가 기어 들어와 사람들을 불행하게 만든다. 그러므로 이런 식으로 왕들에게는 불행의 비율이 더 클 수밖에 없다. **6** 자기 운명의 위험들을 겪은 참주는 국가에 대한 걱정을 자신의 왕관 위에 칼이 매달려 있는 것과 같은 두려움으로 표현하기도 하였다.[21] **7** 그러니 근심이라는 고통을 몰아내지도, 두려움의 가시를 피하지도 못하는 이 권력은 대체 무엇이란 말이냐? 분명 자신들은 안전하게 살기를 바랄 것이나 그럴 수가 없다. 그러고는 그들은 권력을 자랑스러워한다. **8** 너는 할 수 없는 것을 하고자 하는 자를 권력자라 생각하느냐, 아니면 호위병을 거느리고 움직이며 걸어 다니지만 그들에게 두려움을 주면서 자신이 더욱 두려워하고, 권력 있어 보이기 위해 하인들의 손아귀에 놓여 있는 자를 권력자라고 생각하느냐? **9** 내가 이미 왕들 자신조차 저렇게 큰 유약함으로 가득하다는 것을 보인 마당에, 왕들과 친밀한 관계에 있는 자들은 더 말할 게 무엇이 있겠느냐? 왕의 권력은 종종 안전하다 해도 자주 어긋나 그 모든 관계를 파멸시켜 버리니 말이다. **10** 네로는 가장 가깝고 자신의 선생이기도 했던 세네카에게 자결하도록 강요했으며,[22] 안토니우스는 오랫동안 왕궁의

---

21 다모클레스의 칼. 기원전 4세기 시칠리아 시라쿠사의 참주였던 디오니시오스 1세(기원전 405~367년)는 측근이었던 다모클레스가 그의 권위와 위엄을 칭송하자 권력이라는 것이 얼마나 두려운지를 보여주기 위해 자신의 자리에 앉으라 하고서는 그의 머리 위에 말총 한 가닥으로 칼을 매달아 두었다. 키케로,《투스쿨룸의 대화》5권 21. 61~62 참조.

권력자였던 파피니아누스를 병사들의 칼에 내던졌다.[23] **11** 분명 둘 다 자신의 권력을 포기하기를 원했으며, 세네카는 심지어 자신의 재산을 네로에게 바치고 관직에서 물러나려고 애썼다.[24] 하지만 바로 저 위대함이 그들을 죽음으로 이끄는 동안에 그 둘 중 누구도 자신들이 원했던 바를 이루지 못했다. **12** 그러니 가지고 있는 자들을 위협하고, 가지기를 원할 때도 안전하지 않으며, 포기하길 원한다 해도 피할 수 없는 그 권력이란 대체 무엇이란 말이냐? **13** 덕으로 맺은 친구가 아니라 운명이 맺어 준 친구들이 보호막이 되어 줄 수 있을까? 행운이 친구로 만들어 준 자는 불행이 적으로 만들 것이다. **14** 실로 적이 되어 버린 친구보다 더 해를 끼치는 강력한 역병이 어디 있겠느냐?"

시 5

스스로 권력자가 되기를 바라는 자는
사나운 마음을 길들여야 하며

---

22   세네카는 65년 이른바 피소의 음모에 연루되었다.

23   파피니아누스는 유명한 법률가로, 212년에 황제 안토니우스 카라칼라가 동생 게타를 죽인 후 변호를 의뢰하였으나 거절하여 죽임을 당하였다.

24   타키투스가 《연대기》 14권에서 전하는 바에 의하면, 네로의 측근으로부터 공격을 당하기 시작하자 세네카는 재산을 모두 네로에게 바치고 자신은 관직에서 물러나겠노라고 하였으나 네로가 이를 거부하였다. 하지만 이후로 세네카는 공적인 자리에 모습을 드러내지 않았다.

욕망에 굴한 목을
굴욕스러운 고삐 아래 넣어서는 안 될지니.
5   저 멀리 인도의 땅이
네 명령에 벌벌 떨고
땅 끝의 튈레[25]가 복종한다 해도
쓰디쓴 근심을 몰아내고
가련한 탄식을 쫓을 수 없다면
10   이는 권세가 아니리라.

산문 6

1 "실로 영광은 얼마나 자주 거짓되고 또한 얼마나 추한 것이더
냐! 그러니 비극 시인이 외친 바는 부당하지 않구나. '오! 영광이
여, 영광이여, 너는 아무것도 아닌 / 수많은 인간들에게 위대한 삶
을 찬양하였구나.'[26]
2 많은 사람들이 대중의 거짓 견해로 대단한 명성을 얻지만 그보
다 더 추하게 생각할 일이 있을까? 즉 거짓된 칭찬을 받는 자는 바
로 그 칭찬으로 인해 마땅히 부끄러워해야 하니 말이다. 3 설사
정당한 칭찬이라 해도, 대중의 소문이 아니라 양심의 진리를 통

---

25   제정기 문학에서 자주 등장하는 표현으로 이 세계의 북쪽 끝을 지칭한다.
26   고대 희랍의 비극 작가 에우리피데스의 비극《안드로마케》319~320행.

해 자신의 선을 가치 있게 여기는 현자의 양심에 무엇을 더하겠는 가? 4 그런데 만일 이름을 알렸다는 사실 자체가 아름답게 여겨진 다면, 알리지 못했다는 것은 추하다고 판단하는 것이 정해진 수순 일 것이다. 5 하지만 좀 전에 언급했듯이 한 사람의 명성이 도달 할 수 없는 여러 민족들이 있는 것은 필연적이니, 네가 영광되다 고 여기는 사람이 이 세상의 가장 가까운 곳에서조차 영광스럽지 않다고 여겨지는 일이 생길 것이다. 6 그런데 이러한 것들 가운데 대중의 호의는 적절한 판단에 의해 생겨나는 게 아니며 절대로 굳 건하게 지속되지도 않으니 되새길 만한 가치조차 없다고 생각한 다. 7 또한 고귀한 가문[27]이라는 말이 얼마나 공허한 것이며 얼마 나 가치 없는 것인지 누군들 모르겠느냐? 만약 그 고귀함이 유명 함으로 이어진다면 그것은 너와는 관계가 없다. 조상들의 공덕에 서 비롯된 칭찬이 고귀함으로 보이는 것이기 때문이다. 8 그런데 만약 칭찬이 유명함을 만들어 내는 것이라면 칭찬받는 당사자들 이 유명해져야 한다. 그러니 네가 너 자신의 유명함을 누리는 것 이 아니라면, 다른 이의 유명함은 결코 너를 빛나게 만들어 주지 못하는 법이다. 9 만약 고귀함 안에 어떤 선이 있다면, 내 생각에 는, 선대들의 덕에서 벗어나서는 안 된다는 의무가 태생이 고귀한 자들에게 지워진 것 같다는 점 하나뿐이다."

---

27 nobilitas. 고귀한 태생을 가리킨다.

시 6

이 땅에 있는 모든 인간 종족은 동일한 근원으로부터 생겨난다.
모든 것의 아버지는 하나이며,[28] 그 한 분이 모든 것을 다스리신다.
그는 포이부스에게 빛을 주시고, 달에게 뿔을 주셨으며
그는 하늘에 별들을 주시듯, 땅에게도 사람들을 주셨고
5 이때 높은 곳에서 구해 오신 영혼들을 사지에 가두셨다.
그렇게 모든 필멸자들을 낳은 싹은 고귀하구나.
너희는 어찌하여 종족과 조상을 외치는 것이냐? 만일 너희의 시작과
창조자 신을 생각한다면, 여러 악덕들에 자신의 악행까지 더해
자신의 근원을 버리지만 않으면, 어떤 이도 천하지 않을 것이니.

산문 7

1 "그런데 그 욕구는 근심으로 가득하며 그 충족은 후회로 가득한, 육체의 쾌락에 대해서 내가 무엇을 이야기할 것인가? 2 저 쾌락들은 마치 게으름을 누린 자의 결말처럼 얼마나 많은 병과 얼마나 참기 힘든 고통들을 몸에 가져오곤 하는지! 3 그 쾌락의 격동이 어떤 즐거움이 있는지 나는 모르겠다. 하지만 쾌락의 결과가

---

28 이 내용을 굳이 기독교와 연관시켜 생각할 이유는 없다. 이미 오래 전, 심지어 호메로스 시대부터 있었던 생각이며, 플라톤도 마찬가지로 세상의 창조자를 가리켜 아버지라고 부르고 있다. 플라톤, 《티마이오스》 29c 참조.

슬프다는 것은 누구든 자신의 욕망을 떠올려 본다면 잘 알고 있을 것이다. 4 만약 그것들이 사람들을 행복하게 만들 수 있다면, 모든 관심이 육체의 공허함을 채우는 데 집중되는 짐승들 또한 행복하다 말하지 못할 이유가 없을 것이다. 5 실로 배우자와 자식들이라는 즐거움은 가장 고귀한 것이겠으나, 자식들이 골칫거리라는 것은, 누가 한 말인지는 모르겠지만,[29] 참으로 자연스러운 말이다. 그들의 상황이 어떻든 간에 얼마나 고통스러운 것인지는 이미 알고 있으며 지금도 걱정하는 네게 상기시킬 필요도 없을 것이다. 6 이 점에서 나는 불행으로 인해 자식들이 없는 자가 행복하다고 했던 저 에우리피데스의 말[30]을 인정한다."

시 7

모든 쾌락은 이와 같도다.
그것은 즐기는 자들을 찔러 대며,
날아다니는 꿀벌들과 같이
기쁨을 주는 꿀을 붓고는
도망가고, 끊이지 않는 고통으로   5
상처 입은 심장을 두들기는구나.

----

29   아마도 희랍의 극작가들에게서 나온 말로 보인다.
30   에우리피데스, 《안드로마케》 418행.

산문 8

1 "그러니 의심할 바 없이 행복으로 가는 이 길들은 벗어난 길이며 그 누구도 그가 이끌어 주겠다고 약속한 그곳으로 이끌 수가 없다. 2 그 길들이 얼마나 많은 악덕들로 가득 차 있는지 간단히 보여주마. 3 어떠냐, 너는 돈을 모으고자 애쓰지 않겠느냐? 하지만 가진 자에게서 빼앗게 될 것이다. 관직에서 오는 권위로 영예를 얻길 원하느냐? 그러면 그 권위를 주는 자에게 간청해야 할 것이며, 다른 이들보다 명예롭기를 원할 때는 구걸의 비굴함으로 천해질 것이다. 4 권력을 원하느냐? 그러면 고개 숙인 자들이 꾸미는 음모의 표적이 되어 위험에 처하게 될 것이다. 5 영광을 구하느냐? 고난으로 인해 안전하기를 포기하는 것이다. 6 쾌락으로 가득한 삶을 살 것이냐? 하지만 천하고 깨지기 쉬운 것, 육체의 노예인 너를 누가 경멸하지 않을 것이며 누가 내치지 않겠느냐? 7 사실 육체의 훌륭함을 드러내는 자는 얼마나 사소하고 얼마나 깨지기 쉬운 소유물로 빛나는 것인가! 네가 크기에 있어 코끼리를, 힘에 있어 황소를 능가할 수 있겠느냐? 또한 빠르기에 있어 호랑이를 앞서겠느냐? 8 우주의 큰 공간과 그 변치 않음과 움직이는 속도를 바라보고 때때로 사소한 것들에 찬탄하기를 멈추어라. 실로 저 우주는 저러한 것들만이 아니라 그것이 다스려지는 원리에 있어 감탄할 만한 것이니라. 9 빛나는 자태란 봄날 꽃들의 변화보다도 얼마나 더 빠르게 도망치는지! 10 그런데 아리스토텔레스가 말하듯,[31] 만약 인간들이 륀케우스[32]의 눈이 있어 그들의 시력이 앞을 가로막은 것들을 꿰뚫어 볼 수 있다면, 알키비아데스[33]의

저 겉보기에 아름다운 몸은 내장이 들여다보여 추하게 보이지 않 겠는가? 그러니 네가 아름답게 보인다 한들 그것은 너의 본성이 그러해서가 아니라 바라보는 이들의 눈이 흐릿하여 그러한 것이 다. 11 그렇지만 원한다면 육체의 좋은 것들을 높이 평가하라. 다 만 네가 감탄하는 그것이 단지 삼 일 동안 지속되는 열만으로도 무너져 버린다는 것을 알게 될 때까지 말이다. 12 이 모든 것으로 볼 때 다음과 같이 결론을 내릴 수 있을 것이다. 즉 약속하는 바의 좋은 것들을 줄 수 없으며 모든 좋은 것들을 모아 놓는다 해도 완 전하지 못한 이런 것들은, 언덕으로 향하는 길들처럼 행복으로 인 도하지도 못하고, 그 자체로 사람들을 행복하게 만들지도 못한다 는 것이다."

시 8

아아, 길을 벗어난 가련한 자들을
데려가는 것은 어떠한 무지함인가!
너희는 푸른 나무에서 금을 구하지도 않으며

---

31 현재는 유실된 아리스토텔레스의 대화편《철학에 대한 권유Protreptikos》에 나오는 말
   이라고 한다.
32 아폴로니우스,《아르고 호 이야기》에 등장하는 인물로 시력이 좋아 땅속까지 꿰뚫어 볼
   수 있었다고 한다.
33 플라톤의《향연》에 등장하는 실존 인물로 용모가 출중하여 많은 사람들에게 인기가 있
   었다.

포도나무 가지에서 보석들을 취하지도 않는다.

5　물고기로 축제를 풍성히 한다고
높은 산에 그물을 치지 않으며
노루 사냥을 즐긴다 해도
튀레눔 바다[34]를 원하지는 않는다.
사람들은 파도 아래 감추어진

10　바다의 저 밑까지도 알고 있어
어떤 바다가 눈처럼 하얀 보석들이 풍부한지
자홍색 바다 빛은 어디서 나오는지
또한 어느 해안에 부드러운 물고기와
가시 돋친 성게가 풍부한지 모르지 않는다.

15　허나 그들이 원하는 선이 어디에 숨겨져 있는지는
눈먼 채로 알지 못하고
별들을 지닌 하늘로 지나가는 것을
땅 밑에서 찾고 있구나.
이 우둔한 정신에 어울리는 무엇을 기원해야 할 것인가?

20　부와 명예를 찾을지라,
그리고 엄청난 크기의 거짓된 좋은 것들을 얻었을 때,
그때야 참된 좋음을 깨닫게 되리라.

34　이탈리아와 코르시카, 사르데냐 사이에 있는 바다.

산문 9

1 "지금까지는 속임수를 쓰는 행복의 모습을 보이는 데 만족하였지만, 네가 그 모습을 꿰뚫어 본다면 다음으로는 무엇이 참된 행복인지를 보여주는 것이 순서일 것이다." 2 "실로 나는 재물에는 충족이, 왕들에게 권력이, 권위에 존경이, 영광에 명성이, 그리고 쾌락에 즐거움이 있을 수 없다는 것을 알았습니다." "그렇다면 왜 그러한지 이유 또한 알았느냐?" 3 "사실 지금은 작은 틈으로 들여다보는 것처럼 보이지만 당신으로부터 더 넓게 배워 알고자 합니다." 4 "이유는 아주 쉽다. 본성상 하나이며 나눌 수 없는 것을 인간의 잘못이 분리해, 참되고 완전한 것으로부터 거짓되고 불완전한 것으로 이끌어 가기 때문이다. 혹여 너는 아무것도 원치 않는 것이 권력을 필요로 한다고 생각할 수 있겠느냐?" "그럴 수 없지요."[35] 5 "네가 옳게 대답을 하였구나. 유약한 부분이 있다면, 그 부분에서는 반드시 외부의 도움이 필요할 것이다." "그렇습니다." 6 "그러니 충족과 권력의 본성은 하나이며 동일한 것이다." "그런 것으로 보입니다." 7 "그런데 너는 이와 같은 것들을 경멸해야 한다고 보느냐, 아니면 반대로 다른 무엇보다도 존경받을 가치가 있다고 생각하느냐?" "존경받을 가치가 있다는 점은 의심의 여지가 없습니다." 8 "그러면 권력과 충족에 존경을 덧붙여 이 세 가지가 하나라고 생각해 보자." "우리가 참된 것들을 인정하고자 한다면 덧붙이지요." 9 "그렇다면 어떠냐. 이런 것이 모

---

35 플라톤의 대화 방식을 다시 이어가고 있다.

호하고 조악한 것이라 생각하느냐, 아니면 모든 종류의 명성과 함께 가장 명예로운 것이라 생각하느냐? **10** 다만 생각해 보아라. 전혀 부족한 것이 없고 가장 강력하며 명예의 가치가 있다고 인정된 것이, 스스로 가질 수 없는 명성을 원해서 어떤 면에서 더욱 경멸당할 것으로 보이느냐?" **11** 내가 말했다. "사실이 그러하듯, 이것이 대단히 명예로운 것이라는 점 역시 인정하지 않을 수 없습니다." **12** "그렇다면 결국 명성은 위의 세 가지와 다르지 않다고 인정하게 되는 것이구나." "그렇게 되겠지요." **13** "그러면 어떤 외부의 것도 원하지 않고 모든 것을 자신의 힘으로 할 수 있으며, 명성이 있고 존경받아야 하는 것은 심지어 가장 즐거운 것임이 분명하지 않겠느냐?" **14** "아닌 게 아니라, 어디로부터 그러한 것에 슬픔이 기어드는지는 생각할 수도 없습니다. 그러므로 위의 것들이 머무른다면 즐거움으로 가득할 것이라는 점은 인정해야 하겠지요." **15** "실로 같은 이유로 하여, 충족과 권력, 명성, 존경, 즐거움의 이름은 다르지만 어떤 식으로도 그 실체를 구분할 수 없다는 사실도 역시 필연적이다." "반드시 그러하지요."

16 "그러니 하나이며 본성상 단순한 것을 인간의 잘못이 나누어, 부분이 없는 것의 부분을 얻고자 하지만, 결국 있지 않은 '부분'도, 구하려 하지도 않는 바로 그것 자체도 얻지 못하게 되는 것이다." **17** "어떻게 그러합니까?" "가난을 피하기 위해 부를 구하는 사람은 권력에 대해서는 아무런 노력도 하지 않는다. 하잘것없고 눈에 띄지 않기를 더 바라며, 심지어 많은 자연적인 쾌락들까지도 포기하는데, 모두 모은 돈을 잃어버리지 않기 위함이다. **18** 하지만 이런 식으로는 재산이 있어도 충족을 얻을 수 없다. 그런 자는 권력

에서 멀어지고 고민이 괴롭히며 비천함이 내치고 무명無名이 감추기 때문이다.[36] **19** 그런데 단지 권력만을 원하는 자는 재물을 낭비하고 권력과 상관없는 쾌락과 명예[37]를 경멸하며 영광 또한 전혀 가치 없이 여긴다. **20** 대신에 얼마나 많은 것들이 이 자를 떠나는지도 너는 알고 있다. 즉 때때로 필수적인 것들을 원하고 걱정으로 고통스러워하며, 이것들을 극복할 수 없을 때는 가장 원했던 것인 권력을 포기하게 될 것이다. **21** 명예와 영광, 그리고 쾌락에 대해서도 비슷하게 유추할 수 있을 것이다. 즉 이것들 각각은 다른 것과 동일하기 때문에, 누구든 이것들 중 다른 것을 제쳐 두고 하나만을 구하는 자는 자신이 원하는 것조차도 손에 넣지 못하게 된다." **22** "그러면" 내가 말했다. "만약 모든 것을 동시에 얻고자 하는 경우는 어떻습니까?" "그 자는 분명 최고의 행복을 원하는 것이다. 하지만 그것들이 약속한 바를 줄 수 없다는 사실을 우리가 증명하였는데, 과연 거기에서 저 최고의 행복을 찾을 수 있겠느냐?" "그럴 수 없겠지요." **23** "그러니 우리가 추구하는 것들 가가을 따로따로 제공한다고 여겨지는 그러한 것들 속에서는 절대 행복이 발견되지 못할 것이다." "인정합니다." 내가 말했다. "또한 그보다 더 진실하게 말할 수도 없을 것입니다."

24 "이로써 너는 거짓 행복이 어떻게 만들어졌는지, 그리고 그 원인이 무엇인지 알게 되었다. 이제 반대편으로 마음의 시선을 돌리거라. 거기서 내가 약속했던 참된 행복을 즉시 보게 될 것이

---

36 순서대로 권력, 즐거움, 존경, 명성으로부터 멀어지는 것을 묘사하였다.

37 honor, 앞서 언급했듯이 관직에서 오는 명예를 뜻한다.

다.”**25** “그런데 이것은 눈먼 자에게조차도 명백합니다. 또한 당신이 좀 전에 거짓 행복의 원인을 알려 주려 하실 때, 그 참된 행복을 보여주셨습니다. **26** 만약 내가 속는 것이 아니라면, 누군가를 만족스럽고 힘 있으며 존경스럽고 유명하고 즐겁게 만들어 주는 바로 그것이 참되고 완전한 행복일 것입니다. **27** 또한 내가 더 깊이 관심을 기울였다는 것을 당신이 알도록 말씀드리자면, 이 모든 것이 동일한 것이므로, 이것들 중 하나를 진실로 보여줄 수 있는 바로 그것이 완전한 행복임을 나는 분명히 알고 있습니다.” **28** “오, 나의 제자여, 네가 이것만 더한다면 이 의견으로 인해 너는 행복하게 될 것이다.” “어떤 것입니까?” **29** “너는 그처럼 완전한 행복의 상태를 가져올 수 있는 것이 필멸하며 금세 사라질 일들 가운데 있다고 생각하느냐?” “전혀 그렇게 생각하지 않습니다. 또한 그 점에 대해서는 더 바라지 않을 만큼 당신이 충분히 보여주었습니다.” **30** “어떻든 간에 이것들은 참된 선의 모상들이나 혹은 뭔가 불완전한 좋은 것들을 인간들에게 주는 것처럼 보이긴 하지만 참되며 완전한 선을 줄 수는 없다.” “동의합니다.” **31** “그렇다면 어떤 것이 참된 행복이며 어떤 것이 행복이라 속이는 것인지 네가 알았으니, 이제 이 참된 행복을 어디서 구할 수 있는지 아는 일만 남았구나.” “나는 벌써 애타게 기다리고 있습니다.” **32** “그런데 너는 《티마이오스》에서 나의 플라톤이 좋아하듯,[38] 아주 작은 일에서도 신의 도움을 기원해야 한다면, 저 최고선의 자리를 찾을 자격을 갖추기 위해 지금 우리가 해야 할 일은 무

---

38 플라톤, 《티마이오스》 27c 참조.

엇이라 생각하느냐?" **33** "모든 것의 아버지[39]를 불러와야 합니다. 그렇게 하지 않으면 어떤 시작도 제대로 만들어지지 않으니까요." "옳게 대답하였다." 이렇게 말하며 그녀는 노래하기 시작했다.

시 9[40]

오, 영원한 법칙으로 세상을 다스리시는 당신은,
땅과 하늘의 아버지이시며, 시간을 영원으로부터[41]
나가라 명하시고 움직이지 않은 채로 모든 것이 움직이게 만드
시며[42]

---

39 여기서 보에티우스가 말하는 아버지는 종교적인 의미에서의 아버지가 아니라 철학적인 맥락에서의 아버지를 의미한다고 보아야 한다.

40 이 시는 이 작품에서 가장 중요한 부분이다. 이 시가 전체의 가운데 부분에 위치하고 있다는 것도 의미가 있다. 다른 시들은 이미 나온 내용을 반복하고 있는데 비해 시 9는 완전히 독립적이며 전체 내용의 기초가 되는 신플라톤주의 철학의 핵심을 소개하고 있다. 또한 이 시는 강약약의 육각음보로 이루어져 있는데, 이는 교훈시의 운율이기도 하고 루크레티우스로부터 시작된 철학시의 전통적인 운율이기도 하다. 대체로는 플라톤의 《티마이오스》에서 그 내용을 가져온 것으로 알려져 있으며, 짧은 시 안에 상당히 많은 신플라톤주의 사상을 담다 보니 이해하기 쉽지 않은 시라고 평가된다. 전체 구성은 6행까지 신 혹은 최고선을 부르는 내용이며, 7행에서 20행까지는 그 덕을 칭송하는 내용, 21행부터 마지막 행까지는 마지막 간청으로 이루어져 있다.

41 시간과 영원의 구별. 영원은 먼저 지속적으로 흐르며 움직이지 않는 것으로 시간에게 시작점을 주기도 한다. 플라톤, 《티마이오스》 37d 참조.

42 신은 움직이지 않으면서 움직이게 만드는 존재이다. 이러한 부분에서 신플라톤주의 철학에 아리스토텔레스의 영향이 있었음을 잘 알 수 있다.

흐르는 재료들로 된 작품을[43] 당신으로 하여금 만들게 하였던 것은

5 외부의 원인이 아니라 당신 안에 자리 잡은

질투가 없는[44] 최고선의 형상입니다. 당신은 모든 것을

최고의 모범으로부터[45] 가져오시며, 가장 아름다운 당신 자신이 아름다운

세상을 마음으로 그리며 비슷한 모상으로 빚어내시고

10 완벽한 세상을 완벽한 부분들이 마감하도록 명하십니다.[46]

당신은 수에 맞게 원소들을 묶으시어,[47] 차가운 것들은 불과

메마른 것들은 물과 함께 하도록 하며, 순수한 불이

날아가지 않도록, 무거운 것들이 땅을 가라앉지 않도록 하셨습니다.

당신은 세 겹으로 이루어진 본성[48]의 가운데에 모든 것을 움직이는

15 영혼을 묶어 조화로운 지체를 통해 풀어내십니다.

그 영혼은 둘로 나누어져 운동을 두 개의 원 안에 묶었을 때,[49]

스스로에게 돌아가고자 움직이고 깊은 정신 안으로

----

43 신이 세상을 빚어낸 재료는 흐르는 것으로 묘사되어 있다. 즉 여기서 세상의 창조는 기독교적인 개념에 따라 무에서 생성되는 것이 아니라 재료들 안에 질서를 놓는 것이다.

44 플라톤,《티마이오스》29e,《파이드로스》277a 참조.

45 신은 최고의 모범 즉, 이데아로부터 모든 것을 가져온다.《티마이오스》29a 참조.

46 《티마이오스》32d 참조.

47 산술 혹은 수는 세상의 다양한 부분들 상호 간의 연결을 정확하게 만들어 주는 역할을 한다. 플라톤은 이를 두고 비례라고 칭했다.《티마이오스》31c 참조.

48 영혼의 본성이 세 겹으로 되어 있다는 것은《티마이오스》에서 데미우르고스가 영혼을 만들 때 세 가지 요소를 하나로 만들어 냈다는 데서 가져온 내용으로, 세 가지 요소는 불가분적이며 항상 그 자체로 같은 상태에 있는 것, 물체에 기원을 두고 있는 것, 그리고 이 두 가지를 혼합한 것이다.

49 나눠진 영혼이 들어가는 두 개의 원은 천체의 적도와 황도를 가리킨다.

달리며 비슷한 모상으로 하늘을 움직입니다.

당신은 같은 이유에서 영혼들과 작은 삶[50]들을

끌어내시고 가벼운 궤도에 숭고하게 올려놓으며   20

하늘과 땅에 흩뿌리십니다. 그들은 자비로운 법으로

당신을 향하며 당신은 불길을 돌려 그들을 돌아오게 만드십니다.

아버지시여, 내 정신이 존엄한 자리에 오르도록 허락하여 주시고

선의 원천[51]을 볼 수 있게 해 주시며, 빛을 되찾아

영혼의 빛나는 시선을 당신께 향하게 하여 주십시오.   25

이 땅의 구름과 무거운 짐을 흩어 버리시고

당신의 광채로 빛나게 하소서. 당신은 평화이며

당신은 경건한 자들에게 고요한 쉼이며, 당신을 아는 것이 목적이고,

당신은 시작이며 운반자요 인도자이자 길이며 동시에 마지막이십
니다.

산문 10

1 "이렇게 미완성의 선이 무엇이며,[52] 완성된 선의 모습이 어떤지
를 네가 알았으니, 이제 이러한 행복의 완성이 도대체 어디서 이
루어지는지를 보여줄 차례구나. 2 그러니 먼저 네가 앞서 정의했

---

50   인간의 영혼과 그보다 더 작은, 열등한 동물들의 영혼에 있어서도 원리는 동일하다.

51   선의 원천은 신이다.

52   미완성의 선은 3권 앞부분에서 설명이 되었다.

던 방식의 그러한 선이 사물들의 본성에 있을 수 있는지를 따져 봐야 할 것이다. 이는 인식의 공허한 모상이 사물들의 진리에 반하여 우리를 속이지 않도록 하기 위함이다. 3 하지만 이러한 선이 존재하며 또한 모든 좋은 것들의 원천과 같다는 것은 부정할 수 없다. 불완전하다고 말해지는 것은 모두 완전함이 감소해 불완전하다고 불리게 되기 때문이다. 4 만약 어떤 사물에 불완전한 뭔가가 있는 것으로 여겨진다면 거기에는 완전한 뭔가도 역시 필연적으로 있어야 한다. 완전함이 없다면, 불완전하다고 말하는 것이 어디서 생겨났는지 상상조차 할 수 없으니 말이다. 5 왜냐하면 사물들은 사소하고 완성되지 않은 것들로부터 시작되는 것이 아니라 온전하고 완전한 것들로부터 출발해서 마지막에 그 힘을 다 소진하여 사라지기 때문이다. 6 그런데 내가 좀 전에 보여주었듯이 만일 깨지기 쉽고 불완전한 행복이 선에 속하는 것이라면, 굳건하고 완성된 행복이 있다는 것도 의심할 수 없을 것이다.""그건 아주 확실하고 진실한 결론입니다."

7 "그런데 그런 행복이 어디에 있는지 이렇게 생각해 보아라. 모든 사물들의 근원인 신은 선하다는 것이 인간 정신의 공통된 인식이다. 즉 신보다 더 나은 것을 생각할 수 없다면, 그보다 더 나은 것이 없는 그것이 선이라는 것을 누가 의심할 것이냐? 8 추론은 신 안에 완전한 선 또한 있다는 것을 입증하기 위해 신이 선하다는 것을 다음과 같이 보여주기도 한다. 9 만약 그렇지 않으면, 신은 모든 사물의 근원일 수 없을 것이다. 왜냐하면 완전한 선을 소유한 어떤 것은 신보다 뛰어날 것이며 이것이 더 먼저이고 오래된 것으로 여겨질 것이기 때문이다. 모든 완전한 것들이 덜 완

전한 것보다 먼저라는 사실은 명백하다. 10 그러므로 추론이 무한히 나아가지 않도록 최고인 신은 최고이며 완전한 선으로 가득차 있어야 한다는 것을 인정해야 한다. 결국 완전한 선이 참된 행복이라고 하였으니, 참된 행복은 최고의 신 안에 있어야만 할 것이다."[53] "이해했습니다." 내가 대답했다. "그 점에 결코 반대할 수 없을 것입니다." 11 그녀가 말했다. "그러나 요청컨대, 생각해 보아라. 우리가 최고의 신이 최고선으로 가득 차 있다고 이야기했던 바를 네가 얼마나 성스럽고 신성하게 입증할 것인지 말이다." "대체 어떤 식으로 말입니까?" 12 "모든 사물의 아버지인 이 신이 그에게 가득 차 있다고 하는 저 최고선을 외부에서 받았다거나 본성적으로 가지고 있다고 믿어서는 안 된다. 이는 소유하는 신의 실체가 소유된 행복의 실체와 다르다고 생각하는 것과 같기 때문이다. 13 즉 만약 네가 생각하기에 선이 외부에서 받은 것이라면, 선을 준 것이 그것을 받은 것보다 더욱 우월하다고 생각할 수 있을 테니 말이다. 하지만 우리는 이 신이 모든 만물들 중에서 가장 탁월하다는 것을 당연히 인정한 것이다. 14 그런데 우리가 사물들의 근원인 신에 대해서 이야기할 때, 만약 선이 본성상 신 안에 내재해 있지만 원리상으로 신과 다르다고 한다면, 누가 이 서로 다른 것들을 묶어 놓았는지 상상이나 할 수 있겠느냐? 15 마지막으로 어떤 것과 다르다는 그것은, 그것과 다르다고 생각되는 저것이 아니다. 그러므로 그 본성상 최고선과 다른 것은 최고선이 아니다.

---

53 이것이 지금까지 진행된 논증의 결론으로, 참된 선의 개념으로부터 물질적인 선을 배제하고 하나이며 참된 선을 증명해 낸 것이다.

그런데 모든 것보다 우월한 것에 대해서는 생각한다는 것 자체가 불경한 일이다. **16** 분명 어떠한 사물의 본성도 그 자신의 근원보다 더 나을 수는 없으니 모든 것의 근원인 그것은 심지어 그 자신의 실체가 최고선이라고 결론 내리는 것이 가장 참된 이치라 할 것이다.” “분명히 옳은 말씀입니다.” 내가 말했다. **17** “그런데 우리는 행복이 최고선이라는 점에 동의하였다.” “그렇지요.” 그녀가 말했다. “그러니 신이 행복 자체라는 것을 인정해야만 할 것이다.” “이전의 전제들에도 반대할 수가 없고 그 전제들을 따라 이러한 결론이 유추되는 것도 잘 알겠습니다.”

18 “생각해 보거라.” 그녀가 말했다. “이 점에서부터 서로 다른 최고선이 두 개가 있을 수 없다는 것 또한 더 명확하게 똑같이 증명이 될 것인지 말이다. **19** 즉 서로 다른 선들은 한쪽이 다른 쪽과 같을 수가 없다. 따라서 한쪽이 다른 쪽에는 없는 부분이기 때문에 어느 쪽도 완전할 수 없을 것이다. 그런데 완전하지 않은 것은 최고일 수 없다는 것이 명백한 사실이다. 그러니 최고선인 것들은 서로 다를 수가 없는 것이다. **20** 또한 우리는 행복도 신도 최고선이라 결론을 내렸으니 최고의 신성인 것이 그 자체로 최고선이어야만 한다.” **21** 내가 말했다. “실로 그 무엇도 더 진실할 수도 없고 그 추론보다 확실할 수도 없으며 신에게 더 합당할 수도 없습니다.” **22** 그러자 그녀가 말했다. “그러니 이에 덧붙여, 기하학자들이 포리스마[54]라고 부르는 바, 전제를 증명함으로써 뭔가를 추

---

54 포리스마(porisma)는 라틴어 코롤라리움(corollarium)에 해당하는 희랍어이다. 코롤라리움은 추론 혹은 연역을 의미한다.

론해 내는 것처럼 나도 네게 소위 그 추론을 보여줄 것이다. 23 즉 사람들은 행복을 얻음으로써 행복하게 되는데 행복은 신성 자체이니 신성을 얻음으로써 행복하게 된다는 것은 명백한 사실이다. 24 그런데 정의를 얻음으로써 정의롭게 되고 지혜를 얻음으로써 지혜롭게 되는 것처럼, 이와 유사한 논리로 보면 신성을 얻은 자가 신이 되는 것은 필연적이다. 25 따라서 모든 행복한 자는 신이다. 그런데 본성상 신은 하나이나 신의 본성을 나눠 갖는 것은 그 수가 얼마나 많든 아무런 문제가 되지 않는다." 26 "포리스마라고 부르시든 추론이라 부르길 원하시든 아름답기도 하고 가치 있기도 합니다." 27 "그런데 추론이 이에 덧붙일 것을 보여주니, 어떤 것도 이보다 더 아름답지는 않다." "무엇입니까?" 28 그녀가 말했다. "행복이 많은 것을 포괄한다고 여겨진다면, 이 모든 것은 소위 행복이라는 몸 하나를 부분들의 다양함으로 묶고 있는 것일까, 아니면 그들 중 하나가 행복의 실체를 채우고 있어서 그것에 나머지 것들이 포함되는 것일까?" 29 "각각의 내용들을 언급하며 그 말씀을 명확히 해 주셨으면 합니다." 그러지 그너가 말했다. "우리는 행복이 선이라 생각하지 않느냐?" "사실 최고선이지요." 30 "너는 이를 모든 것에 적용시킬 수 있을 것이다. 즉 바로 그 행복은 최고의 충족이며 최고의 권력이요, 존경이며, 명성이고, 쾌락 역시 행복이라고 판단되니 말이다. 31 그러니 어떠냐. 이것들 모두, 즉 선, 충족, 권력과 같은 것들이 말하자면 행복이라는 몸에 붙은 사지인 것이냐, 아니면 모든 것이 마치 머리에 붙어 있듯 선에 붙어 있는 것이냐?" 32 "당신이 무엇을 탐구하도록 하시는지 이해합니다만 나는 당신이 준비한 바를 듣고 싶습니다.” **33** “그 일은 이렇게 구분해야 한다. 만약 이 모든 것이 행복의 사지와 같았다면 그것들은 서로 달랐을 것이다. 왜냐하면 서로 다른 것들이 하나의 몸을 구성하는 것이 바로 부분들의 본성이니 말이다. **34** 그런데 이 모든 것이 동일하다는 것이 증명되었으니 이들은 행복의 사지는 아니다. 그게 아니라면, 행복은 하나의 사지로 묶여 있는 것으로 보일 것이나 이는 불가능한 일이다.” **35** 내가 말했다. “그건 의심할 수 없는 일이나, 나머지 것을 알고자 합니다.” **36** “사실 나머지 것들이 선과 관련되어 있음은 분명하다. 그것이 선이라 판단되기 때문에 충족을 추구하는 것이며, 권력 또한 그것이 선이라 믿어지기 때문에 추구되는 것이니 말이다. 존경과 명성, 즐거움에 대해서도 동일하게 유추할 수 있을 것이다. **37** 그러니 모든 추구해야 할 것들 중 최고이자 그것들의 원인이 바로 선이다. 왜냐하면 실제로든 그러해 보이든 간에 그 자신 안에 선을 가지고 있는 것이 아니라면 그것은 전혀 추구될 수 없기 때문이다. **38** 또한 반대로 본성상 좋은 것들이 아니라 해도 마치 진짜 좋은 것처럼 보인다면 그것들은 욕구되는 법이다. 따라서 모든 추구되어야 할 것들의 최고이며 중심이자 원인이 선이라 믿는 것이 당연하다. **39** 그런데 그것 때문에 뭔가가 추구된다면 그것을 가장 원하는 것으로 보인다. 이를테면 건강 때문에 말을 타고 싶어한다면 그는 말 타는 행위보다 건강해지는 효과를 원하는 것이다. **40** 그러니 모든 것이 선 때문에 욕구되는 것이라면 그것들 자체가 아니라 바로 선이 모든 이들로부터 욕구되는 것이다. **41** 아닌 게 아니라, 다른 것들이 원해지는 이유가 행복이라는 것을 우리는 인정하였다. [그래서 그런 식으로 행복만이 추구되기도 한다.][55] **42** 이로부터 선과 행복의 실체는 하나이며 동일하다는 것이 명백해진다. "저로서는 누구라도 동의하지 않을 만한 이유를 찾지 못하겠습니다." **43** "그런데 우리는 신과 참된 행복은 하나이며 동일하다는 사실을 증명했지." "그렇습니다." "그러니 신의 실체 또한 선 자체에 있으며 다른 어디에도 없다고 결론 지을 수 있을 것이다."

시 10

이 땅의 정신들을 소유하려는 거짓 욕망이
사악한 사슬로 묶어 놓은,
사로잡힌 모든 비슷한 이들이여, 이리로 오라.
이것이 너희에게 고난의 쉼터가 될 것이니
이는 조용히 머무르는 평화로운 항구이며,   5
이는 가련한 자들에게 유일한 성소이리라.
타구스가 그 금빛 모래로,[56]
혹은 헤르무스가 붉게 빛나는 강둑으로 선물하는,[57]

---

55 텍스트 전승에서 이 문장은 삭제 표시가 되어 있다.
56 타구스는 현재의 스페인과 포르투갈 사이에 있던 루시타니아 지방의 강으로 고대에 사금으로 유명했다.
57 헤르무스는 뤼디아 지방의 강으로, 역시 사금으로 유명했던 곳이다. 라틴어에서 붉은 빛은 금빛을 의미하기도 하였다.

혹은 뜨거운 지방과 가까운 인두스[58]가

10   초록빛 조약돌을 하얀빛과 섞으며[59]

선물하는 무엇도 눈을 밝힐 수 없고, 외려 눈먼

영혼을 그들의 그림자로 덮는구나.

정신을 즐겁게 하며 자극하는 것은 무엇이든

이 땅이 저 깊은 동굴에서 길러 내었으니.

15   하늘을 다스리며 생기를 주는 저 광채는

영혼의 어두운 타락을 피하는 법.

이 빛을 볼 수 있는 자라면

포이부스의 빛줄기들도 밝지 않다 할 것이다.

산문 11

1 내가 말했다. "동감합니다. 왜냐면 모든 것이 확실한 원리로 짜여 있으니까요." 2 그러자 그녀가 말했다. "만약 네가 선 자체가 무엇인지 안다면 그것을 얼마나 높이 평가할 것이냐?" 3 "한이 없습니다." 내가 말했다. "만약 동시에 선 그 자체인 신도 또한 알게 된다면 말입니다." 4 "조금 전에 결론이 난 것들이 네게 제대로 남아 있기만 하면, 내가 이것을 가장 참된 이치로 분명히 해 주

---

58   인도의 강을 가리킨다. 다만 고대의 시인들은 이를 두고 아프리카나 아랍 지방을 지칭했던 경우도 있는 것으로 보인다.

59   에메랄드와 진주.

겠다.""제대로 남아 있을 것입니다." 5 그녀는 말했다. "많은 이들이 욕구하는 것들은 그것들이 서로 다르기 때문에 참되고 완전한 선이 아니라는 것을, 그리고 한쪽 편에 다른 편의 것이 없으면 충만하고 완전한 선이라 할 수 없음을 우리가 증명해 보이지 않았느냐? 대신에 소위 하나의 형상과 하나의 힘으로 모여서, 충족인 것이 권력이요 존경이며 명성이자 즐거움이 될 때 비로소 참된 선이 된다는 것은 어떠하냐? 만약 모든 것이 하나이며 동일하지 않다면 추구해야 할 것들 사이에 낄 어떤 이유도 없다는 것을 우리가 증명해 보이지 않았느냐? 6 "의심할 여지 없이 증명되었습니다." 7 "그러면 그것들이 서로 다를 때는 좋은 것들이 아니지만, 하나가 되고자 할 때 좋은 것들이 되는 것이다. 그러니 이것들이 좋은 것들이려면 단일성을 얻음으로써 그리되는 것이 아니겠느냐?""그렇게 보입니다." 8 "그러면 좋은 모든 것이 선에 참여함으로써 좋은 것이 된다는 것을 인정하겠느냐?""인정합니다." 9 "그렇다면 비슷한 원리로, 하나임은 선과 동일하다는 것을 인정해야 한다. 왜냐하면 본성적으로 그 결괴가 다르지 않은 것들의 실체는 동일하기 때문이다.""부정할 수 없습니다." 10 "그러면 그것이 하나인 동안만큼은 지속하고 존속하는 모든 것이, 하나이기를 멈춤과 동시에 사라지고 해체된다는 것을 알고 있느냐?""어떻게 말입니까?" 11 "동물들처럼 정신과 육체가 하나이고자 하고 그 상태를 지속할 때 그것을 우리는 동물이라 부른다. 하지만 이 단일성이 양쪽이 분리되어 사라질 때, 그것은 죽게 되고 더 이상 동물일 수가 없다. 12 몸 자체도 사지들의 결합으로 인해 하나의 형태로 지속할 때는 인간의 모습으로 보이나 만약 몸의 부분들이 떨어져서 분리되어 단일성을 찢어 놓으면, 과거의 몸이기를 멈추게 된다. 13 그런 식으로 나머지 것들도 생각해 보면, 어떤 하나의 것은 하나인 동안 존속하지만, 하나임을 멈출 때는 사라진다는 것은 의심할 바 없이 명백하다." "많은 것들을 따져 보니 그와 다르게 여겨지지 않습니다."

14 "그러면 어떤 것이 본성적으로 행동한다 했을 때, 존속의 욕구를 버린 채 죽음과 파멸로 가기를 원하는 것이 있겠느냐?" 15 "원하고 원하지 않는 본성을 가지고 있는 동물들을 생각해 보면, 외부의 어떤 강제도 없이 살고자 하는 의지를 내던지고 스스로 죽음을 서두르는 것을 찾지 못하겠습니다. 16 모든 동물은 건강을 보살피고자 애쓰며 죽음과 파멸을 피하게 마련이니 말입니다. 17 하지만 풀과 나무들에 대해서, 무생물들에 대해서는 어떻게 생각해야 할지 의심스러울 뿐입니다." 18 "그에 대해서도 모호하게 생각할 것은 없다. 풀과 나무들이 처음부터 그들의 본성이 허락하는 한, 일찍 말라 죽을 일 없는 자신에게 알맞은 장소에서 생겨난다는 것을 잘 살펴본다면 말이다. 19 즉 어떤 것들은 들판에서 어떤 것들은 산에서 생겨나며 어떤 것들은 늪지가 보존해 주고 어떤 것들은 산에 붙어 있으며 어떤 것들의 양분은 메마른 모래이기도 해서, 누군가가 그것들을 다른 곳으로 옮기면 말라 죽는다. 20 하지만 자연은 각각에게 어울리는 것을 주며 각각은 살아 있는 동안에 죽지 않도록 온 힘을 다한다. 21 모든 것이 마치 땅에 입을 파묻은 양 뿌리로 양분을 빨아들여 고갱이와 껍질로 활력을 나누는 것은 어떠하냐? 22 가장 연약한 부분, 말하자면 고갱이와 같은 것은 항시 안쪽에 감춰져 있고 외부에는 나무의 단단함이 있으며 가

장 겉껍질이 마치 방어자와 같이 하늘의 궂은 날씨를 견디며 막아 주는 것은 뭐라 말하겠느냐? 23 실로 모든 것이 수많은 씨앗을 통해 퍼지도록 한 자연의 배려는 얼마나 큰 것이냐? 24 이 모든 것이 시간에 맞게 머무를 뿐만 아니라 종류에 따라서는 영원히 지속하는 기계와 같다는 것을 누가 모르겠느냐? 25 무생물이라고 여겨지는 것들도 각기 자신의 것을 비슷한 원리로 필요로 하지 않느냐? 26 어찌하여 가벼움은 불길을 위로 이끌고, 무거움은 땅을 아래로 누르는 것일까? 이러한 장소와 운동이 각각에게 어울리기 때문이리라. 27 나아가 각각에게 적합한 것은 어떤 것이든 보존하며 그와 마찬가지로 적대적인 것은 무엇이든 망쳐 놓는다. 28 사실 돌과 같이 단단한 것들은 자신의 부분들에 아주 굳게 붙어 있으며 쉽게 떨어지지 않도록 버틴다. 29 공기나 물처럼 흐르는 것들은 나누는 것들로 인해 쉽게 떨어지지만 그들이 분리되기 전의 원래 형태로 재빨리 다시 돌아간다. 그런데 불은 모든 분리에 저항한다. 30 지금 우리는 알 능력이 있는 영혼[60]의 자발적인 움직임이 아니라 자연적인 의도에 대해서 논하고 있으며 이는 말하지면 삼킨 음식을 아무 의식 없이 소화시키는 것이나, 잠 잘 때 알지 못하면서 숨을 쉬는 것과 같다. 31 즉 동물에게 살고자 하는 욕망은 영혼의 의지에서 오는 것이 아니라 자연의 원리에서 오는 것이다. 32 때로 상황이 어쩔 수 없을 때에는 자연이 두려워하는 죽음을 의지가 받아들이기도 하고, 반대로 자연이 항상 욕구하며 필멸하는 존재들의 영원성이 오직 그와 함께 지속되는 출산 또한 때로는 의지가

---

60 플라톤에 따르면 알 능력이 있는 영혼은 이성적인 영혼을 뜻한다.

억제하기도 한다. 33 그처럼 자신에 대한 사랑은 영혼의 움직임에서 나오는 것이 아니라 자연적인 의도에서 나오는 것이다. 왜냐하면 섭리는 그 자신으로부터 나온 창조물들에게 살고자 하는 큰 원인을 주어서 그들이 할 수 있는 한 본성에 따라 살기를 바라도록 하였기 때문이다. 34 그래서 존재하는 모든 것이 본성적으로 지속하는 항상성을 바라며 죽음을 피하려 한다는 것은 전혀 의심할 바가 없다." 35 "내가 의심하며 좀 전까지 불분명하게 여겼던 것이 분명해졌음을 인정합니다." 36 "그런데 존속하고 지속하기를 욕구하는 것은 하나이기를 원한다. 왜냐하면 이 하나임이 제거되면 존재조차도 지속하지 못할 것이기 때문이다." "그것이 진실이지요." 내가 말했다. 37 "그러니 모든 것은 하나가 되기를 원한다." 나는 그 말에 동의하였다. "그런데 우리는 하나인 것은 선이라고 증명하였다." "그렇습니다." 38 "그러니 모든 것은 선을 욕구하는 것이다. 그것을 너는 모든 것으로부터 원해지는 것이 선이라고 정의할 수 있을 것이다." 39 "어떤 것도 그보다 더 진실하다고 생각될 수 없을 정도입니다. 즉 만물은 어떤 하나를 향해 움직이지 않고 마치 선장에게 버려진 채 키잡이가 없는 듯 부유하거나 뭔가를 지향할 것입니다. 만일 만물이 지향하는 뭔가가 있다면 그것이 모든 선들 중 최고일 것입니다." 40 그러자 그녀가 말했다. "나의 제자여, 나는 몹시 행복하구나. 너는 저 가르침의 핵심적인 진리를 네 정신에 새겼구나. 조금 전에 네가 모른다고 말했던 것[61]이 여기서 네게 모습을 드러냈다." "무엇 말씀이십니까?" 41 "만물의 목

---

61 1권 산문 6의 10~11에서 나온 내용이다.

적이 무엇인가 하는 것이다. 분명 만물이 원하는 것이 바로 그것
이다. 우리는 그것이 선이라 결론을 내렸으니 만물의 목적이 선임
을 인정할 수밖에 없다."[62]

시 11

누구든 깊은 정신으로 진리를 탐구하고
거짓된 길에 속지 않고자 하는 자는,
눈빛을 자신 안으로 향하고
긴 움직임[63]을 구부려 원으로 만들고
바깥에서 찾고자 하는 것이 무엇이든   5
자신의 보물창고에 감춰져 있음을 영혼에 가르쳐 줄 것이니,
이전에 오류의 검은 먹구름이 덮고 있었던 것이
저 포이부스보다도 밝게 빛날 것이다.
망각의 힘을 가진 육체라 해도
정신으로부터 모든 빛을 몰아내지는 못하는 법.   10
진리의 씨앗은 저 깊숙이 온전히 숨어 있어
가르침으로 인해 흔들려 깨어날 것이다.
불씨가 마음속 깊은 곳에 살아 있지 않다면

62　이 부분이 보에티우스 철학에서 가장 핵심적인 내용 중 하나이다.
63　여기서 긴 움직임은 원에 대비되는 곧은 움직임으로 봐야 한다.

어찌 너희가 스스로 구하며 올바르게 생각할 것이냐?
15 허나 플라톤의 무사 여신이 진리를 외치면
그것을 배우는 자는 기억하지 못한 채 떠올리게 된다.[64]

산문 12

1 그때 내가 말했다. "전적으로 플라톤에게 동의합니다. 당신은 이미 두 번이나 이것들을 내게 상기시키셨지요. 처음에는 육체가 기억을 더럽혔기 때문이며, 다음으로는 내가 슬픔의 짐에 억눌려 기억을 잃어버렸기 때문이었습니다." 2 그러자 그녀가 말했다. "만약 네가 이전에 인정한 것들을 다시 살펴본다면 네가 조금 전 모른다고 고백했던 바를 상기하는 것도 힘든 일은 아닐 것이다." "그것이 무엇입니까?" 3 "세상이 어떤 지배자들에 의해 통치되는가 하는 것이다." "내가 나의 무지를 고백했던 것은 기억합니다. 당신이 무엇을 말씀하시는지 이미 짐작은 됩니다만 더욱 명확하게 당신으로부터 듣고 싶습니다." 4 "조금 전에 너는 이 세상이 신에 의해 다스려진다는 것은 의심할 수 없다고 생각했지." "내 생각에는

---

64 이 시의 마지막 두 행은 플라톤의 상기설을 떠올리게 하는 부분으로 플라톤의 《메논》, 《파이돈》에 잘 소개되어 있으며 이미 3권의 산문 5와 시 4에서 다뤄진 내용이다. 오늘날 우리는 보통 기억이라는 단어로 머릿속에 집어넣고 빼내는 작용을 다 일컫고 있지만, 당시 기억이란 머릿속에 집어넣는 작용만을 뜻했으며 상기는 기억과 다른 기능이었다. 따라서 기억하지 못한 채 떠올린다는 것은 머릿속에 넣는 기능 없이 떠올리는 과정을 뜻하는 것이다.

지금도 그리고 앞으로도 의심할 수 없을 것입니다. 내가 어떤 이유로 이러한 생각에 이르렀는지 간단히 설명하겠습니다. 5 만약 이토록 다양한 것들을 엮는 자가 하나가 아니라면, 이 세상은 그토록 다양하고 서로 반대되는 부분들로부터 하나의 형상으로 모일 수 없을 것입니다. 6 오히려 묶어 놓았던 것을 보존하는 자가 하나가 아니라면, 본성들의 저 다양함은 서로 불화하여 묶여 있던 것들을 흩어 버리고 나눠 버릴 것입니다. 7 실로 만약 그 자신이 지속하며 변화의 이 다양함을 배치하는 자가 하나가 아니라면, 자연의 질서는 그렇게 확실하게 나타나지 않을 것이며 장소와 시간, 효력, 공간과 성질에 따라 배치된 움직임들을 설명하지도 못할 것입니다. 8 그것이 무엇이든 간에, 만들어진 것들을 존속하고 운동하게 하는 그것을 나는 모든 이가 그렇게 부르듯 신이라고 부릅니다."

9 그러자 그녀가 말했다. "네가 거기까지 이해한다면, 네가 행복을 되찾아 조국으로 돌아갈 수 있도록 내가 할 일이 이제 별로 남지 않은 것 같구나. 그러면 우리가 전제했던 것들을 살펴보자. 10 우리는 행복 안에 충족을 포함시키고 신이 행복 그 자체라는 데 동의하지 않았느냐?"[65] "동의했지요." 11 "그러면 신은 세상을 다스리기 위해서 외부의 어떤 도움도 필요하지 않을 것이다. 그렇지 않고 만약 뭔가를 필요로 한다면 가득 찬 충족을 가지지 못할 것이다." "그건 필연적인 일입니다." 12 "그러면 그는 오직 혼자서 모든 것을 배치하는 것이냐?" "그건 부정할 수 없습니다." 13 "또

---

65   3권 산문 10에서 다룬 내용이다.

한 신은 선 자체라는 것도 이미 증명되었다.""기억합니다." 내가
말했다. 14 "그러면 우리가 선이라고 동의했던 그 신이 스스로 모
든 것을 다스린다면, 그는 선을 통해 모든 것을 배치하는 것이며,
그는 마치 이 세계라는 기계를 항구적으로 망가지지 않도록 보
존하는 키나 타륜과 같다." 15 "깊이 동감하며 조금 전에 작은 의
심이 있기는 했으나 당신이 그것을 말씀하실 거라 짐작하였습니
다." 16 "알고 있다." 그녀가 말했다. "내 생각에 너는 참된 것들을
판별하기 위해 더욱 주의 깊게 눈을 움직이고 있는 것으로 보이니
말이다. 하지만 내가 말하는 것도 역시 잘 살펴봐야 할 것이다."
"무엇을 말입니까?" 17 "신이 모든 것을 좋음이라는 타륜을 통해
정당하게 다스린다고 여겨지며 그 모든 것은, 내가 이야기했듯이,
자연적인 의도로 인해 선으로 나아가는 것이라면, 모든 것이 의지
에 의해 다스려지고 마치 그들을 배치하는 키잡이의 의도에 순응
하며 합치하여 스스로 방향을 돌리는 것과 같다는 것에 의심의 여
지가 있겠느냐?" 18 "그건 필연적인 일이지요. 또한 만약 그것이
거부하는 자들의 멍에가 되고 순종하는 자들에게 이익이 되지 않
는다면, 결코 행복한 다스림이라 여겨지지 않겠지요." 19 "그러니
본성을 보존하면서 신에 반하여 나아갈 수 있는 것은 아무것도 없
겠지?" "없을 것입니다." 20 "그리고 만일 어떤 것이 그렇게 한다
하더라도, 우리가 참된 행복의 원칙에 의해 가장 강력하다고 동의
했던 그를 거스른다면 결국 무슨 이익이 있을까?" "절대로 아무런
이익이 없을 것입니다." 21 "그렇다면 이러한 최고선에 저항하려
하거나 저항할 능력이 있는 것이 있을까?" "내 생각으로는 없습
니다." 22 "그러면 모든 것을 강력하게 지배하며 부드럽게 배치하

144

는 것이 바로 최고선이다."23 그때 내가 말했다. "그 추론의 결론
뿐만 아니라 당신이 사용하시는 말들 자체도 나를 대단히 즐겁게
하여, 한때 나의 어리석음으로 그처럼 훌륭한 것들을 망쳤던 것이
부끄러워질 정도입니다."

24 "신화에서 하늘을 공격한 거인족들에 대한 이야기[66]를 너도 들
었을 것이다. 당연히 그랬듯이, 부드러운 강력함이 그들 또한 적절
하게 굴복시켰다. 25 그러면 저 추론들이 서로 부딪히게 하길 원
하느냐? 아마도 이런 식의 상충으로 인해 진리의 아름다운 불꽃이
튈 수도 있겠구나."[67] "당신 뜻에 따르겠습니다." 26 그러자 그녀
가 말했다. "신이 전능하다는 것은 누구도 의심하지 못할 것이다."
"정신이 제대로 된 자라면 절대 반박하지 못할 것입니다." 27 "실
로 전능한 자라면 그가 할 수 없는 것은 아무것도 없는 법이다."
"없겠지요." 28 "그러면 신은 악도 행할 수 있겠지?" "그럴 수 없
습니다." 29 "그러면 할 수 없는 것이 없는 자가 그것을 행할 수
없다면, 악은 아무것도 아닌 것이다." 30 "당신은 추론으로 나를
헤어 나올 수 없는 미로에 집어넣어 놀리고 계시군요. 때로는 출
구로 들어가고 때로는 입구로 나오면서 말입니다. 혹여 당신은 저
놀라운 신의 단순성의 순환을 복잡하게 만드시는 겁니까? 31 왜
냐하면 조금 전에 당신은 행복으로부터 시작하여 그것이 최고선
이라고 말씀하셨고 그것이 최고의 신 안에 놓여 있다고 이야기

---

66 제우스를 포함한 12신이 티탄족과 벌인 전쟁을 말한다. 헤시오도스,《신들의 계보》참조.
67 플라톤의《국가》435a에 소크라테스가 "양자를 나란히 비교해 보면, 마치 점화용 마른
   나무 막대들을 비빌 때처럼 불꽃을 얻을 수도 있을 것이네. 그리하여 정의가 환히 모습을 드
   러내면 우리는 그것을 마음속 깊이 각인하게 될 걸세"(천병희 역)라고 말하는 부분이 있다.

하셨으니 말입니다. **32** 또한 당신은 신 자신이 최고선이며 가득찬 행복이라고 말씀하셨습니다. 거기서부터 만약 신과 비슷한 자가 아니라면 누구도 행복하지 않다고 작은 선물을 주듯 말하셨지요. **33** 그러고는 선의 형상 자체가 신과 행복의 실체라고 말씀하셨고 모든 사물에서 본성적으로 추구되는 그 하나가 바로 선이라고 가르쳐 주셨습니다. **34** 또한 신이 좋음이라는 키를 가지고서 우주를 지배한다고 논하셨고 모든 것은 자발적으로 복종하며 악함의 본성은 없다고 하셨지요. **35** 그러고는 외부에서 취해진 것이 아니라 내재한 고유의 입증 방식을 통해 한쪽에서부터 다른 쪽으로 근거를 이끌어 내면서 이것들을 설명하셨습니다." **36** 그러자 그녀가 말했다. "너를 놀리는 것이 아니라 모든 것 중 가장 큰일을 우리가 조금 전 청했던 신이라는 선물을 통해 완수한 것이다. **37** 즉 신의 실체의 형상이라는 것은 외부에서 사라져 버리거나 자신 안에 외부의 어떤 것을 받아들이는 것이 아니라 파르메니데스[68]가 그에 대해 말했던 바와 같이, '모든 곳에서 완전한 구형의 덩어리와 비슷한 것'[69]으로서, 그 자신은 움직이지 않게 보존하면서 사물들의 움직이는 세계를 돌리는 것이다. **38** 그런데 만약 내가 외부가 아니라 우리가 다루고 있는 사물의 내부에서 찾아 모은 것들을 구하고자 한 것이라면, 네가 놀랄 이유가 아무것도 없다. 말이라는 것은 우리가 논하고 있는 그 일과 함께 있어야 한다는 것을 플라톤의 가르침[70]에서 배웠으니 말이다."

---

68 파르메니데스(Parmenides), 엘레아 학파의 철학자로 제논의 스승이다. 플라톤에게 상당한 영향을 미친 것으로 알려져 있으며, 육각음보로 이루어진 철학시의 단편들이 전해진다.
69 원문에는 희랍어로 기록되어 있다.

시 12

행복하구나, 선의 빛나는 원천을
볼 수 있는 자는.
행복하구나, 무거운 지상의
사슬을 풀 수 있는 자는.
한때 아내의 죽음을   5
슬퍼한 트라키아의 시인은[71]
애절한 가락으로
나무들을 움직여 달리게 하고
강물을 멈추게 하였으며
암사슴이 두려움 없이 어깨를   10
포악한 사자들과 나란히 하였고
토끼는 이미 노래로 유순해진
개를 보고도 두려워하지 않았으나,
활활 타오르는 불길이
가슴 깊은 곳에서 멈추지를 않아   15

---

70 플라톤의《티마이오스》29b에 "따라서 설명들은 그것들이 설명하고 있는 바로 그 대상
   들과 동류의 것들이기에, 모상 및 그것의 본과 관련해서는 다음과 같은 식의 구분을 해야
   합니다. 물론 한결같고 확고하며 '지성과 함께라야' 분명해지는 것에 대한 설명들은 한결같
   고 변하지 않는 것들이어야 합니다. … 반면 그것을 본뜬 것에 대한 설명은, 이것이 모상이
   기에, 앞의 설명들에 대해서도 역시 상응하게 '그럼직한 설명들'이어야 합니다"(박종현·김
   영균 역)라는 내용이 있다.
71 트라키아에 그 뿌리를 두고 있는 오르페우스 신화를 신플라톤주의의 전형적인 이해 방식
   에 따라 보에티우스가 제시하고 있다. 이는 정신이 물질의 어두운 곳으로부터 참된 사물이
   자 최고선의 빛으로 올라오는 모습을 상징화한 것이다.

모든 것을 굴복시킨 그 가락도
주인을 달래지는 못하였으니
잔인한 신들을 원망하며
하계로 내려갔구나.

20 그곳에서 뤼라를 타며
부드러운 노래를 부르니
여신인 어머니[72]의 고귀한
원천으로 이끌어 낸 것은 무엇이든
속절없이 눈물을 흘렸고

25 사랑이 그 눈물을 키워
온 타이나루스[73]가 감동하여 슬퍼하고
달콤한 감읍으로 용서를
저승의 주인들에게 요청하였다네.
새로운 노래에 사로잡힌

30 머리 셋 달린 문지기[74]가 놀라고
죄를 저지른 자들을 두렵게 만들어
죄악을 복수하는 여신들은
이미 슬픔의 눈물로 흠뻑 젖어 버렸지.
익시온[75]의 머리를

---

72 오르페우스의 어머니는 서사시의 여신이며 무사 여신들의 우두머리인 칼리오페이다.
73 타이나루스 동굴은 하데스로 들어가는 입구 중 하나로, 여기서는 전 하계를 지칭하고 있다.
74 저승 입구를 지키고 있는 머리 셋 가진 개, 케르베로스를 말한다.
75 익시온은 헤라에게 반하여 제우스의 계략에 속아 구름을 헤라로 알고서 덮쳤다. 이 구름과 익시온 사이에서 태어난 자가 켄타우로스이며 익시온은 이 죄로 인해 영원히 멈추지 않는 수레바퀴에 매달리게 되었다.

돌리던 빠른 바퀴도 멈추고   35

끝없는 갈증에 시달리던

탄탈로스[76]도 강물을 거부하며

독수리들은 노래에 취하여

티튀우스[77]의 간을 쪼아 대지 않았다네.

마침내, "우리가 졌다."   40

저승의 심판관이 가련히 여겨 말하였지.

"노래로 되찾은 아내를

남편에게 동료로 선물하마.

허나 저승의 법이 선물에 제한을 두었으니

타르타로스를 떠날 때까지   45

눈을 돌려서는 안 된다."

사랑하는 이들에게 누가 법을 주는가?

사랑이 그들에게 더 큰 법이거늘.

아아, 거의 어둠의 끝에 다다라

오르페우스는 자신의 에우뤼디케를   50

보았노라, 잃었노라, 죽였노라.

이 이야기는 너희를 되돌아보는구나.

저 위의 빛으로

---

76 탄탈로스는 제우스와 플루토의 아들로, 신들을 시험하기 위해 신들을 초대하여 자신의
    아들인 펠롭스를 죽여 그 고기를 대접하였다. 이를 알아차리고 신들은 그 고기를 먹지 않았
    으나, 딸 페르세포네가 납치당해 실의에 빠져 있던 데메테르만이 그 어깨 부분을 먹었다. 이
    죄로 인해 탄탈로스는 영원한 갈증과 배고픔에 시달리는 형벌에 처해졌다.
77 티튀우스는 레토를 겁탈하려다 자식들인 아폴론과 아르테미스의 화살에 맞아 죽었고 두
    마리 독수리에게 영원히 간을 쪼아 먹히는 벌을 받았다.

정신을 끌어가려 하고 있는 너희를.

55 욕망을 이기지 못하고 타르타로스의 동굴로
눈을 돌린 자가 하계를 본다면
그가 가지고 있던 값진 것을
잃어버리게 될지니.

DE CONSOLATIONE

4권

PHILOSOPHIAE

산문 1

1 철학이 위엄 있는 표정과 진중한 말투를 유지하며 부드럽고 달콤하게 노래했을 때, 나는 여전히 마음 깊이 자리한 슬픔을 잊지 못하여, 뭔가를 더 이야기하려고 하는 그녀에게 말했다. 2 "오, 참된 빛으로 이끄시는 이여,[1] 이제까지 당신의 말씀이 쏟아낸 것들은 나 자신을 고찰해 보았을 때 신성했으며, 논증에 있어서 나무랄 데 없이 명백했습니다. 또한 비록 부당한 일에 대한 슬픔으로 얼마 전까지 잊고 있었으나 전에도 전혀 모르지는 않았던 것들을 당신은 내게 말씀하셨습니다. 3 하지만 내 슬픔의 가장 큰 원인은 이러한 것입니다. 만물의 통치자가 선한데도, 분명 악한 것들이 존재할 수 있다거나 처벌받지 않고 지나갈 수도 있다는 것 말입니다. 그것이 얼마나 놀랄 만한 일인지 분명 당신은 잘 알고 계십니다. 4 그런데 여기에 더 큰 것이 덧붙여집니다. 악함이 지배하고 번성할 때 덕은 아무런 보상도 받지 못할 뿐만 아니라 죄악을 저지른 자들의 발밑에 굴복하여 경멸당하고 악한 행위들이 받아야 할 처벌을 대신 받습니다. 5 이러한 일들이 전지전능하며 그만큼 좋은 것들을 원하시는 신의 왕국에서 일어난다는 데에 누구도 놀라움과 비탄을 감출 수 없을 것입니다."[2] 6 그러자 그녀가 말하였다. "만약 네가 생각하는 것처럼, 그처럼 대단한 가문의 잘 정돈된 집에서 값싼 집기들은 애지중지하면서도 값나가는 것들은 먼지투성이인 채로 내버려둔다면, 그것은 한없이 어리석은 일이며 어떠

---

1   철학의 논증이 신에 대한 앎을 전제로 한다는 점에서 참된 빛은 신을 의미한다.

한 일들보다도 더 끔찍한 일일 것이다. 7 하지만 그렇지 않다. 즉 조금 전의 결론들이 반박되지 않고 유지된다면, 지금 우리가 이야기하고 있는 왕국의 주인의 가르침으로부터, 선한 사람들은 항상 힘이 있고 악한 자들은 항상 약하고 경멸당하며, 어떤 악행도 처벌을 피할 수 없고 덕에는 보상이 반드시 주어진다는 것을 알게 될 것이다. 또한 선한 이들에게는 행복이, 악한 이들에게는 항상 불행이 닥치며, 네 불평이 사그라지면 너를 단단하고 힘 있게 만들어 줄 많은 것들이 있다는 사실도 알게 될 것이다. 8 또한 네가 참된 행복의 모습을 방금 내가 보여줌으로써 알게 되었으며, 그것이 어디에 있는지도 알았으니, 필수적인 전제라고 생각하는 것들을 모두 말하고 나면,[3] 너를 집으로 다시 인도할 길을 내가 보여주겠다. 9 또한 혼란이 사라지면 나의 안내로, 나의 길로, 또한 나의 마차로 안전하게 조국으로 돌아갈 수 있도록, 너를 높은 하늘로 들어 올려 줄 날개를 너의 정신에 달아 줄 것이다.[4]"

---

2 최고선에 대한 언급과 신과 최고선이 동일하다는 논증이 나온 후에 등장하는 것은 신의론 (神義論), 즉 악의 존재가 신의 속성과 모순되지 않는다는 이론에 대한 근본적인 문제 제기이다. 신이 존재하며 그것이 최고선이라면, 악은 대체 어디서 나오는 것인가 하는 문제는 로마 제정기 철학에서 자주 다뤄진 문제이다.

3 이 필수적인 전제에 관한 논의가 이후 4권 내용의 주를 이루고 있다.

4 이 이미지는 원래 플라톤의 파이드로스 신화에서 찾아볼 수 있긴 하지만, 이러한 내용은 이미 제정 시기의 여러 저술가들에게 잘 알려져 있는 내용이었다.

시 1[5]

내게는 하늘 높은 곳으로 오를

빠른 날개가 있으니.

날랜 정신이 그 날개들을 달 때면

땅을 싫어하며 경멸하고,

5 끝없는 창공을 날아올라

구름을 밑에 내려다보며

아이테르[6]의 빠른 움직임으로 불타오르는

불의 꼭대기를 넘어,

천구까지 올라가

10 길들을 포이부스와 함께하거나

혹은 빛나는 별[7]의 호위병이 되어

차가운 노인[8]의 길을 함께하거나

별이 반짝이는 밤이 그려지는 곳이면 어디로든

별의 궤도를 달릴 것이다.

15 하여, 모두 성취한 데 만족했을 때

---

5 이 시는 인간사에서 나타나는 악함을 보기 위해서는 이상적인 세계에 대한 고찰이 필수적
임을 보여주고 있다. 이러한 고찰은 보다 고귀한 앎이 있어야만 가능한 것이다. 하늘로 날아
올라 인간 세상을 바라보는 이미지가 이러한 모습을 형상화한 것이라 볼 수 있다.

6 aether, 아리스토텔레스적인 개념에 따르면 순수한 불로, 세계의 가장 윗부분에 위치하고
있다. 영혼은 아이테르보다 더 위, 가장 뜨거운 지점까지도 올라간다.

7 화성을 의미한다. 화성은 불로 인해서 붉은 색을 띤다고 생각되었다.

8 토성을 의미한다. 토성이 태양으로부터 멀리 떨어져 있어 차갑다고 생각했던 것으로 여겨
진다.

하늘 끝을 뒤로 남기고
경외해야 할 빛[9]을 가지고서
빠른 아이테르의 등을 누르고 설 것이다.[10]
여기 왕국의 주인께서 홀을 들고
세상의 고삐를 조절하시며[11]   20
이 만물의 빛나는 지배자는
움직이지 않은 채 빠른 마차를 다스리신다.
네가 기억하지 못하여 찾고 있는 길이
여기까지 되돌아온 너를 인도한다면,
"이곳은" 너는 말하리라, "기억컨대, 나의 조국이오,   25
여기서 태어났으니, 여기서 발을 멈출 것입니다."
헌데 만약 네가 뒤에 남겨 놓은
저 지상의 밤을 보고자 한다면
가련한 백성들이 잔혹하다 두려워하는
그 참주들이 추방당한 자들임을 알게 되리라.[12]   30

---

9   플라톤의 《파이드로스》 247b에 나오는 이미지로서, 여기서 빛은 '경외해야 하는' 것인데
    더 이상 물질의 빛이 아니라 하늘 위에 있는 빛이기 때문이다.
10   아이테르의 등은 아이테르 중 윗부분을 의미한다. 이 이미지는 《파이드로스》 247b에 잘
    나타나 있다.
11   이는 기독교적인 개념으로 볼 수도 있다. 신은 온 우주 위에 있으며 그곳에서 세상을 다
    스린다.
12   이 시의 마지막에서 화자는 원래의 조국인 저 높은 곳에서 지상을 내려다보면 그곳에서
    는 권력을 차지하고 있는 참주라 하더라도 조국에서 멀리 떨어진 상태이기 때문에 추방당
    한 자라고 묘사하고 있다.

산문 2

1 그때 내가 말했다. "오, 당신은 얼마나 대단한 것을 약속하시는 지요! 당신이 일단 나를 깨우고서 기다리게 만들지 않을 것임을 의심치 않습니다." 2 "그러면 먼저 선한 이들에는 항상 힘이 있으며 악한 이들은 모든 힘을 결여한다는 것을 알게 될 것이다. 그들 중 한쪽은 다른 쪽으로부터 증명이 되는 법이다. 3 즉 선과 악은 반대되는 것이기 때문에 만약 선이 힘을 가지고 있다고 한다면 악의 무력함은 명백할 것이며, 악이 부서지기 쉽다는 것이 명백하면 선의 강건함은 분명하다. 4 하지만 내 말을 좀 더 확실히 믿을 수 있도록, 나는 두 개의 길로 나아갈 것이며 지금은 이쪽에서, 다음은 저쪽에서부터 그 전제들을 확실히 할 것이다.

5 인간의 행위가 완수되기 위해 필요한 것은 모두 두 가지다. 의지와 능력, 둘 중 하나가 없다면 성취할 수 있는 것이 아무것도 없다. 6 왜냐하면 의지가 없는 경우에 누구든 원함이 없기 때문에 시도조차 하지 않게 되고, 능력이 없는 경우는 의지가 헛된 것이 되기 때문이다. 7 만약 네가 누군가가 가질 수 없는 것을 갖고 싶어 하는 것을 본다면, 그에게는 원했던 바를 가질 힘이 없었다는 사실을 의심할 수 없을 것이다." "그건 분명하며 부정할 수 없겠지요." 8 "그런데 누군가가 원했던 바를 성취한 것을 본다면 그가 그럴 능력이 있었음을 의심할 수 있을까?" "그럴 수 없습니다." 9 "사실 누구든 그가 할 수 있는 것에서는 힘이 있지만 할 수 없는 것에서는 힘이 없다고 생각해야 할 것이다." "인정합니다." 10 "그러면 앞의 논증에서 다양한 열정에 의해 움직이는 인

156

간 의지의 모든 의도는 행복을 목표로 하여 나아간다는 결론이 난 것을 기억하고 있느냐?" "그렇게 증명되었던 바를 기억하고 있습니다." 11 "행복이 선 자체이니 행복이 추구될 때 모든 이들이 선을 원한다는 것도 떠올릴 수 있겠느냐?" "기억합니다. 나는 그것을 기억에 새겨 놓았으니까요." 12 "그렇다면 선한 사람들과 악한 사람들이 모두 그 의도를 구분할 수 없이, 선에 이르고자 하는 것일까?" "그렇게 결론이 나지요." 13 "그런데 선을 얻음으로 해서 선한 사람이 되는 것이 확실할까?" "그런 것으로 여겨집니다." 14 "그런데 만약 악한 이들이 그들이 구하는 선을 얻는다면, 그들은 악한 이들일 수가 없겠지." "그렇지요." 15 "그러면 양쪽이 선을 구하는데, 이들은 선을 얻는 반면 저들은 얻지 못한다면 선한 이들은 힘이 있으나 악한 이들은 약하다는 것을 의심할 수 있겠느냐?" 16 "의심하는 자가 있다면 그는 사물의 본성이나 추론의 결과를 이해할 수 없을 것입니다."

17 그러자 그녀가 말했다. "두 사람이 있다 해 보자. 둘 다 어떤 목적이 있고 그 목적이 똑같이 본성에 따르는 것이라 할 때, 그중 한 사람은 본성에 따라 만들어진 방식으로 그 목적을 행하여 완수하고, 다른 한 사람은 본성에 따른 기능[13]을 이행할 수 없어서 본성에 일치하는 것과는 다른 방식으로, 즉 자신의 목적을 완수하는 것이 아니라 그 목적을 완수한 자를 모방한다면, 너는 이들 중 누가 더 힘이 있다고 판단하겠느냐?" 18 "당신이 원하는 바를 짐

---

13 본성에 따른 기능 혹은 본성적인 행위는 인간이 본성을 통해서 행해야만 하는 일을 의미한다.

작은 하겠습니다만, 더 명확히 듣기를 바랍니다." **19** "너라면 사람에게 걷는 행위가 본성에 따르는 것임을 부정할 수 있겠느냐?" "그럴 수 없지요." **20** "그러면 그 일에서 발의 기능은 본성에 따르는 것임을 의심할 수 있겠느냐?" "의심할 수 없습니다." **21** "그러면 발로 나아갈 힘이 있는 자는 걸어서 가고, 이처럼 본성적으로 발의 기능을 갖추지 못한 다른 이는 손에 의존해서 걸어가려 한다면, 이들 중 누가 마땅히 더 힘 있는 자라 생각될 수 있겠느냐?" **22** "마저 이야기해 주십시오. 본성에 맞는 기능을 행할 수 있는 사람이 그 기능을 행할 수 없는 사람보다 더 힘이 있다는 것은 아무도 의심할 수 없을 테니 말입니다." **23** "그런데 최고선이란, 악한 자들에게나 선한 자들에게 똑같이 목적이 되어서 선한 이들은 덕이라는 본성적인 기능을 통해 선을 추구하지만 악한 이들은 본성적인 기능이 아닌 여러 욕망을 통해서 선을 얻으려 시도하는 것이지. 혹 너는 다르게 생각하느냐?" **24** "아닙니다. 또한 그 결론도 분명합니다. 즉 내가 인정한 이것들로부터 선한 자들은 힘이 있으나 악한 자들은 약하다는 것이 필연적으로 나타나기 때문이지요." **25** "생각을 제대로 이끌어 가고 있구나. 또한 그것은, 마치 의사들이 늘 기대하듯이, 본성이 생기가 돌고 저항하고 있다는 증거이다. **26** 그러면 네가 이해할 준비가 되었음을 내가 알았으니 여러 가지 추론들을 모아 보겠다. 자, 생각해 보아라, 사악한 인간들의 유약함이 얼마나 분명한지 말이다. 그들은 본성의 의도가 그들을 이끌며 거의 몰아가다시피 하는 바에 절대로 도달할 수가 없다. **27** 그러니 그들을 인도하는 이렇게 크고 거부하기 힘든 본성의 도움을 받지 못한다면 어떻게 되겠느냐? **28** 아닌 게 아니라 얼마나 큰 무력함이 사악한 자들을 쥐고 있는지를 생각해 보거라. 즉 그들은 놀이에서나 받는 사소한 보상을 추구하는 것이 아니다. 물론 그런 사소한 보상조차 그들은 성취하거나 가질 수 없다. 그런데 그들은 사물들의 총체와 핵심 가까이에 다가가지도 못하고, 밤이나 낮이나 유일하게 추구하는 일에서의 성취는 저 가련한 자들의 손에는 전혀 닿지 않는다. 하지만 그러한 일에서 선한 자들의 힘은 훨씬 더 뛰어나다. **29** 즉 누군가 더 이상 나아갈 어떤 길도 놓여 있지 않은 곳까지 발로 걸어서 도달할 수 있다면, 그 사람을 너는 걷기에 있어 가장 힘 있는 자라고 생각할 것이다. 그처럼 추구하는 바에서 더 나아갈 곳이 없는 끝을 취한 자를 가장 힘 있는 자라고 판단하는 것은 필연적인 일이기 때문이다. **30** 따라서 이와는 반대로 악한 이들이 모든 힘으로부터 버려진 것으로 여겨지는 일이 일어난다. **31** 왜 그들은 덕을 버리고 악덕을 좇는 것인가? 선한 것들에 대한 무지 때문인가? 하지만 눈먼 무지보다 더 약한 것이 무엇이 있기에? 아니면 그들은 좇아야 하는 것들을 알고 있었으나 욕망이 그들을 다른 길로 던져 넣은 것인가? 악에 저항할 수 없는 자들은 그렇게 자제력이 없기에 약한 법이다. **32** 아니면 그들은 알고 원하면서도 선을 버리고 악을 향해 몸을 돌리는 것인가? 하지만 그렇다면 그들은 힘이 있기를 포기할 뿐만 아니라 존재하기를 포기하는 것이기도 하다. 왜냐하면 존재하는 모든 것의 공통적인 목적을 버리는 자들은 동시에 존재 또한 포기하는 것이기 때문이다.

33 실로 인간들의 대다수인 악한 사람들을 두고, 그들이 존재하지 않는다고 말하는 것은 누구에게라도 아마 놀라운 일로 보일 것

이다. 하지만 사실이 그렇다. **34** 즉 악한 자들인 그들이 악하다는 것을 부정하는 것이 아니라 다만 나는 그들이 순수하고 단순하게 존재한다는 것을 부정하는 것이다. **35** 네가 죽은 사람을 시체라고 말하지 사람이라고 할 수는 없듯이 악행을 저지르는 자들이 악하다는 데 동의할 수 있겠지만, 그들이 온전히 존재한다[14]고 인정할 수는 없을 것이다. **36** 왜냐하면 존재란 질서를 유지하고 본성을 지키는 것이기 때문이다. 하지만 이 본성에서 벗어나는 것은 자신의 본성 안에 있는 존재 역시 버리는 것이다. **37** 하지만 너는 이렇게 말하겠지. '악인들도 능력이 있습니다.' 나도 그것까지 부정할 수는 없지만 그들의 능력은 힘에서가 아니라 힘 없음에서 오는 것이다. **38** 만약 그들이 선한 것들을 행할 수 있는 가능성 안에 머물렀다면 결코 힘을 발휘하지 못했을 악한 행위들을 할 수 있기에 말이다. **39** 이처럼 악한 행위를 할 수 있다는 것은 그들이 아무것도 할 수 없음을 명백히 보여준다. 즉 만약 우리가 방금 결론 내렸듯이 악이 아무것도 아니라면, 악한 자들은 악한 것만을 할 수 있으니 아무것도 할 수 없다는 것이 분명하다." "명백합니다." **40** "그런데 이러한 능력의 힘이 어떤 것인지 네가 잘 이해할 수 있도록, 최고선보다 더 힘 있는 것은 없다고 조금 전에 우리가 정의 내렸지." "그렇습니다." "하지만 그 최고선도 악을 행할 수는 없다." "그럴 수 없지요." **41** "그러면 인간은 모든 것을 할 수 있다고 생각하는 사람이 있을까?" "정신이 나간 자가 아니라면 아무

---

14   esse, 영어로 치자면 be 동사를 사용한 표현으로 우리말로 번역하기가 쉽지 않다. 악한 자들은 '악한 채로 있는' 것이지 악한 자들이 온전하게 '있는' 것은 아니라는 의미로 받아들이면 되겠다.

도 그렇게 생각하지 않을 것입니다." "그렇지만 인간들은 악한 행위를 할 수 있다." 이에 내가 말했다. "할 수 없었기를!" **42** "그렇다면 선한 것들만을 할 수 있는 자는 모든 것을 할 수 있지만, 악한 것들도 할 수 있는 자들은 모든 것을 할 수는 없기 때문에 악한 것들을 할 수 있는 바로 그 자들이 능력이 덜하다는 것은 분명하다. **43** 여기에 다음과 같은 사실을 덧붙여 보자. 모든 능력은 추구해야 하는 것들에 포함되며, 추구해야 하는 모든 것은 그 본성의 궁극적인 목적인 선과 관련되어 있다는 것을 우리가 보여주었음을 말이다. **44** 하지만 악을 행할 능력이 있다는 것은 선과 관련될 수 없으며 따라서 추구해야 할 것도 아니다. 그런데 모든 능력은 추구되어야 하는 것이다. 따라서 악을 행할 능력이라는 것은 능력의 범주에 포함될 수가 없다. **45** 이 모든 것으로부터, 능력은 선한 자들의 것이고, 악한 자들에게는 의심할 수 없는 유약함이 있을 뿐이라는 것이 명백하며, 플라톤의 말[15]은 참임이 분명하다. 즉 원하는 것을 행할 수 있는 자들만이 지혜로운 자들이며 악한 자들은 그들의 마음에 드는 것을 실행하기는 하나 그들이 원하는 것을 충족시킬 수는 없다는 것이다. **46** 왜냐하면 그들은 자신들을 즐겁게 해 주는 것들을 통해 그들이 원하는 선을 얻을 거라 생각하면서 무엇이든 행하지만, 더러운 행위들로는 행복에 도달하지 못하기 때문에 선을 얻지 못하니 말이다."

---

15 플라톤, 《고르기아스》 466de 참조.

시 2

네가 보고 있는 왕들은 높은 자리에 올라앉아
보랏빛으로 번쩍거리며, 거친 무구武具에 둘러싸여
얼굴은 무섭게 위협하지만, 마음속의 광기로 숨을 헐떡이니,
누군가 오만한 이들로부터 헛된 영광의 껍데기를 벗긴다면,
5   그 왕들이 단단히 묶인 사슬을 그 안에 지니고 있음을 알게 되리라.
거기서 욕망이 탐욕스러운 독으로 심장을 뒤틀고
거기서 분노가 소용돌이치며 정신을 채찍질하고
사로잡힌 정신을 슬픔이 괴롭히거나 희망이 속여 비튼다.
그리하여 네가 알 듯이 누군가 혼자서[16] 수많은 폭군들을 견딘다면,
10   사악한 주인들에게 억눌린 그자는 자신이 원하는 것을 행하지 못
하리라.[17]

산문 3

1 "그러니 더러운 것들이 얼마나 커다란 진흙탕에서 뒹굴고 있으
며, 올바름은 어떤 광채로 빛나는지 알겠느냐? 여기서 선한 이들
에게는 보상이 없지 않고, 악한 자들에게는 처벌이 없지 않다는

---

16   원문은 caput unum으로 직역하면, '하나의 머리'라는 뜻이다.
17   폭군이라고 일컬어지는 사람들이 오히려 자신의 마음속에 있는 폭군들에게 짓눌려 있음
을 역설적으로 보여주고 있다.

것은 명백하다. **2** 즉 행해지는 일들의 목적, 말하자면 각각의 일들이 행해지는 목적이 바로 그 일의 보상이라 여겨질 수 있는 것이 당연하니까. 이는 마치 달리기 경주에서 월계관 때문에 달리고 월계관이 보상으로 있는 것과 마찬가지이다. **3** 그런데 우리는 행복이 바로 모든 것이 그것을 위해 행해지는 선 자체라는 점을 보였다. 그러므로 인간 행동에서 선 자체는 마치 모든 것에 공통적으로 주어진 보상과 같다. **4** 또한 이것은 선한 이들로부터 분리될 수 없다. 왜냐하면 선을 결여한 자들이 선하다고 불리는 것은 부당하기 때문이다. 그래서 그 행위에 대한 보상은 선한 행위를 떠나지 않는다. **5** 그러므로 악한 자들이 아무리 잔혹한 짓을 한다 해도 지혜로운 자의 월계관은 떨어지지도 시들지도 않는다. 다른 이들의 악함은 선한 영혼들의 고유한 영광을 거둬 가지 못하기 때문이다. **6** 그런데 만일 외부에서 얻은 영광을 누린다면, 그 영광을 가져다준 자신이든 아니면 다른 누구든 그 영광을 앗아갈 수 있을 것이다. 하지만 각각에게 영광을 주는 것은 자신의 선함이므로 선하기를 멈출 때에만 자신의 보상 역시 없어질 것이다. **7** 마지막으로 모든 보상이 그것이 선이라 믿어지기 때문에 추구되는 것이라면, 누가 선을 가진 이를 두고 보상을 받지 못한다고 판단하겠느냐? **8** 그런데 그것은 어떤 보상인가? 모든 것 가운데 가장 아름답고 가장 커다란 것이다. 조금 전에 내가 기본이 되는 것이라 보여주었던 추론[18]을 기억하고 그런 식으로 생각해 보아라. **9** 선 자체가 행복이니, 모든 선한 사람들은 그들이 선하다는 그 사실로 인

---

18 3권 산문 10의 22에서 추론에 대해 언급하였다.

해 행복하게 된다는 것은 명백하다. 10 그런데 그들이 행복하다는 것은 그들이 신이라는 것과 같다. 그러므로 선한 이들의 보상은 바로 신이 되는 것으로, 시간이 지난다고 해서 약화되지도 않고 누구의 권력도 그 보상을 축소하지 못하며 누구의 악함도 그 보상을 더럽히지 못한다. 11 일이 그러하니, 지혜로운 자라면 처벌이 악한 이들과 뗄 수 없다는 사실 역시 의심할 수 없을 것이다. 즉 선과 악은, 그리고 마찬가지로 처벌과 보상은 서로 반대편을 보고 있는 것이기 때문에, 우리가 선에 대한 보상에서 일어난다는 것을 알고 있는 그 일들은 필연적으로 반대편인 악에 대한 처벌에서도 그에 상응하여 일어나게 된다. 12 그러니 선함 자체가 선한 사람들에게 보상인 것처럼, 악함 자체가 악한 자들에게는 처벌인 것이다. 실로 누구든 처벌로 인해 영향을 받은 자들은 자신이 악으로 인해 영향받았음을 의심하지 않는다. 13 그러므로 그들이 스스로 자신을 평가한다면, 자신들이 처벌을 면했다고 여길 수 있겠느냐? 모든 나쁜 것들 중 최고인 극악함이 그들에게 영향을 미칠 뿐만 아니라 아주 깊이 파고들었을 텐데 말이다.

14 그런데 선한 이들의 경우와 반대로, 어떤 벌이 악한 자들과 함께하는지 살펴보아라. 즉 하나인 모든 것은 하나 그 자체이자 선이라고 조금 전에 내가 가르쳐 주었다.[19] 그 결과로 존재하는 모든 것은 또한 선이라 여겨지게 된다. 15 그러니 선으로부터 떨어져 나온 것은 무엇이든 존재이기를 멈추게 된다. 따라서 악한 자들은 그들이 악하기 때문에 존재이기를 멈추게 되는 것이다. 하지

---

19 3권 산문 10의 40, 산문 12의 33에서 다룬 내용이다.

만 인간의 육체 형태가 남아 있어서 그들이 과거에 인간이었다는 것을 보여준다. 그러므로 악으로 돌아선 그들은 인간의 본성 또한 잃어버리게 된다. 16 그러나 오직 선함만이 누구든 인간을 넘어서도록 이끌 수 있기에, 필연적으로 악함이 인간의 조건에서 떼어놓은 그들을 인간의 가치 아래로 몰아간다. 따라서 네가 누군가 악덕으로 인해 그 모습이 변한 것을 보는 경우, 너는 더 이상 그를 인간이라고 생각할 수 없게 되는 것이다. 17 다른 이의 재산을 폭력으로 강탈하는 자는 탐욕으로 끓어오른다. 너는 그를 늑대와 같다 말할 것이다. 18 논쟁으로 혀를 쉬지 않고 단련하는 사나운 자가 있다면, 너는 그를 개와 비교할 것이다. 19 숨어서 함정을 파고 기다리며 속임수로 낚아채기를 즐기는 자가 있다면 너는 그를 여우 새끼와 같다 할 것이다. 20 분노를 참지 못하고 광분하는 자가 있다면 사자의 영혼을 가졌다고 생각할 것이다. 21 겁 많고 도망치기 바빠서 전혀 두려워할 이유가 없는 것들을 무서워하는 자가 있다면 사슴과 같다고 여길 것이다. 22 느리고 어리석어 게으른 자가 있다면 그는 당나귀의 삶을 살고 있는 것이다. 23 가볍고 열정을 지속하지 못하여 항시 변하는 자가 있다면 새들과 다를 바가 없다. 24 더럽고 추한 욕망에 빠지는 자가 있다면 돼지의 더러운 쾌락에 사로잡힌 것이다. 25 그처럼 좋음을 버리면 그는 사람이기를 포기하게 되는 것이고, 신의 상태로 건너갈 수가 없기에 짐승과 같은 상태에 머무르게 된다."

시 3

네리티우스의 왕[20]이 이끄는 배들과

바다에서 헤매는 함대를

에우루스가 섬으로 몰았고,

그곳에 살고 있는 아름다운 여신[21]이 있었으니

5 태양의 씨앗으로부터 난 그녀는

새로운 손님들과

노래가 녹아든 술잔을 나눈다.

그들을 여러 가지 모양으로

약초에 능한 손길이 바꾸어,

10 이 사람은 수퇘지의 면상이 덮고,

저 사람은 마르마리카[22]의 사자가 되어

이빨과 발톱이 자라난다.

이자는 방금 늑대 무리에 더해져서

울고자 할 때, 우우 하는 짐승의 울음이 나오고

15 저자는 인도의 호랑이가 되어

집 주위를 조용히 걸어 다닌다.

허나 날개 달린 아르카디아의 신[23]이

---

20 네리티우스는 희랍의 이타카 지방의 산이다. 따라서 네리티우스의 왕은 이타카의 왕인
오뒷세우스를 가리킨다.

21 키르케. 아이아이 섬에 살면서 섬에 오는 사람들을 동물로 만드는 여신. 오뒷세우스가 트
로이아 전쟁을 마치고 돌아갈 때 그 섬에 들렀다가 부하들이 모두 동물이 되어 버렸다.

22 지금의 이집트와 리비아 사이의 지역을 부르는 명칭.

23 아르카디아 출신의 신, 헤르메스를 지칭한다.

수많은 불행에
둘러싸인 왕을 불쌍히 여겨
적의 저주에서 구했지만,   20
이미 노 젓는 이들은
입에 사악한 술잔을 가져가
이제 돼지가 되어서는
케레스의 양식을 도토리로 바꾸었고
목소리, 몸을 잃어버려   25
아무것도 온전히 남아 있지 않다.
오직 정신만이 굳건하게
그가 겪는 괴물을 넘어서서 탄식한다.
오, 너무도 가벼운 손이여,
힘없는 풀들이여,   30
사지를 바꿀 수 있다 해도
마음을 바꿀 수는 없구나!
인간의 힘은 저 안에서
숨겨진 성채로 가려 있다.
이 독들이 더욱 강하게   35
인간을 자신에게 끌어가며
깊숙하게 지나가는 무시무시한 그 독은
몸을 다치게 하지 않아도
정신을 굴복시키며 광분하는구나.

산문 4

1 그때 내가 말했다. "인정합니다. 사악한 자들이 사람 몸의 형상을 보존하고 있다 해도 영혼의 가치 면에서는 짐승으로 바뀌었다고 말하는 것이 전혀 부당하지 않음을 알고 있습니다. 하지만 이들의 잔혹하고 악한 정신은 선한 이들을 해치며 광분하고 있으니, 나는 저들에게 그러한 행위가 허용되지 않기를 바랍니다." 2 그러자 그녀가 말했다. "적절한 자리에서 보여주겠지만, 그런 행위는 허용되지 않는다. 하지만 그럼에도 만약 저들에게 허용된다고 여겨지는 바로 그 행위가 제거된다면 대부분의 악한 자들의 처벌은 경감될 것이다. 3 즉 이는 아마 누구도 믿지 못할 일로 여겨지겠지만, 악인은 원하는 것들을 충족시킬 수 없는 경우보다 그것을 이룰 때 필연적으로 더욱 불행하게 된다. 4 사실 악한 것들을 원한 것이 불행한 일이라면 그것을 성취할 수 있었던 것은 더욱 불행한 일이며 그 능력이 없다면 이 불행한 의지의 결과물은 무력하게 된다. 5 그래서 모든 악행들 각각에게 고유의 불행이 있다면, 네가 알고 있는 그들, 악을 원하고 행할 능력이 있으며 행하는 자들은 필연적으로 세 겹 불행의 무게를 짊어져야만 한다." 6 "동의합니다. 그들이 악행의 가능성에서 멀어져 이 악을 행하는 불행을 피하기를 간절히 바랍니다." 7 "그들은 네가 원하는 것보다도, 혹은 저들이 스스로가 짐작하는 것보다 더 빨리 피할 것이다. 왜냐하면은 불멸의 영혼이 오래 기다리고 있다고 생각할 만큼 그렇게 느린 것은 이렇게 짧은 시간에는 없기 때문이다. 8 그들의 큰 희망과 뛰어난 악행 계획은 종종 갑작스럽고 예기치 못한 결말로 망

가지는데, 이는 저들에게 불행의 한계를 만들어 준다. 즉 만약에 악함이 그들을 불행하게 만든다면, 악함이 더 오래갈수록 더욱 불행해질 수밖에 없다는 것을 부정할 수는 없다. 9 만약 그들의 악함을 마지막에 오는 죽음조차도 끝내지 못한다면 나는 그들이 가장 불행하다고 생각할 것이다. 즉 만약 악함의 불행에 대해서 우리가 제대로 결론을 냈다면 영원히 지속되는 불행은 명백히 무한한 불행이니 말이다." 10 그때 내가 말했다. "그건 동의하기 어려운 이상한 결론입니다만 이미 동의된 바에 그 말이 부합해 보이긴 합니다." 11 "네가 옳게 생각한 것이다. 다만 그 결론에 동의하기 어렵다고 생각하는 자는 잘못된 전제가 있었음을 보이거나, 전제들이 필연적으로 도출되는 결론에 효과적으로 배치되지 않았다는 것을 입증하는 것이 합리적이다. 그렇지 않으면 앞서 전제한 것들을 인정하고서는 결론에 이의를 제기할 이유가 전혀 없다. 12 이제 내가 이야기할 것도 역시 이상하게 보일 것이나 앞서 언급한 내용과 비슷하게 필연적인 것이니 말이다." "도대체 그게 무엇입니까?" 13 "악한 자들이 처벌을 받음으로써 죄를 씻는 것이 정의의 처벌이 그들을 억제하지 못하는 경우보다 훨씬 더 행복하다는 것이다. 14 나는 누구든 생각할 법한 것, 즉 악습이 징벌을 통해 고쳐지고, 처벌에 대한 두려움으로 올바른 방향으로 이끌어지고 다른 사람들에게 비난받아 마땅한 행위를 삼가는 본보기가 된다는 것을 지금 이야기하려는 것이 아니다. 다만 시정이나 본보기를 전혀 고려하지 않는다 해도 처벌받지 않은 악한 이들이 다른 방식으로 더 불행하다고 생각하는 것이다." 15 "이것 말고 다른 방식이 무엇이 있을 수 있을까요?" 그러자 그녀가 말했다. "우리는 선한 이들은 행복하고 악한 이들은 불행하다는 데 동의하지 않았더냐?" "그랬습니다." **16** "그렇다면 만약 누군가의 불행에 어떤 선이 덧붙여진다면, 누군가의 선과 섞이지 않은 채 순수하게 혼자인 불행을 가지고 있는 자보다 더 불행하지는 않겠지?" "그렇습니다." **17** "그런데 만약 어떤 선한 것도 가지고 있지 않은 그 불행한 자에게, 그가 불행한 원인들에 다른 악이 덧붙여진다면, 좋은 것도 가지고 있어서 불행이 덜해질 수 있는 자보다 훨씬 더 불행하다고 생각해야 하지 않을까?" "어찌 아니겠습니까." **18** "그러니 악한 자들은 그들이 처벌받을 때는 선과 연관된 것으로서, 말하자면 정의의 이치로 볼 때는 좋은, 벌 자체를 받게 되고, 그들에게 처벌이 없을 때는 저들 안에 더 큰 악이며 네가 그것을 두고 부당하기 때문에 악이라 했던 바로 그 면책[24]이 자리하게 된다." **19** "그것을 부인할 수는 없습니다." "그렇다면 악한 자들 중에서 정당하게 처벌받은 이들보다 부당한 면책으로 처벌을 면한 자들이 훨씬 더 불행한 것이다. **20** 그러니 악한 자들이 처벌되는 것은 정당하나, 처벌을 면하는 것은 부당한 일임이 명백하다." "누가 그것을 부정하겠습니까?" **21** "정당한 모든 것이 선이며 반대로 부당한 모든 것이 악이라는 사실을 누구든 부정하지 못할 것이다." 나는 그것이 명백하다고 답했다. **22** 그러고서는 말했다. "그것은 방금 얻어진 결론에 귀결하는 것입니다. 그런데 묻겠습니다. 당신은 육체가 죽은 후에 영혼에 대한 처벌을 남겨두시는 것입니까?" **23** "영혼에 대한 처벌은 대단히 크다. 그 처벌 중 어떤 것들은 처벌의 고통을

---

24 impunitas, 처벌을 면한다는 의미이나 이에 적당한 어휘가 없어 면책이라고 번역하였다.

통해, 어떤 것들은 속죄의 자비를 통해 행해진다고 생각한다. 하지만 지금은 이것들에 대해 논의할 계제가 아니다.

24 이제까지 우리가 다루었던 것은, 너에게 가장 부당하게 보였던 악한 자들의 권력이 아무것도 아니라는 것을 깨닫고, 처벌받지 않음을 네가 한탄하던 그들이 자신들의 악함에 대한 처벌을 결여하였음을 알고, 네가 빨리 끝나기를 청했던 그 방종이 길지 않으며 더 오래될수록 머지않아 더 불행해질 것이며 그것이 영원하다면 가장 불행할 것이고, 이후에 부당하게 면책받은 악한 자들은 정당한 보복으로 처벌받은 자들보다 더 불행하다는 것을 네가 배우도록하기 위함이었다. 25 이 생각의 결론은 그들이 면책받았다고 믿어질 때, 마침내 그들은 더 큰 처벌에 처해지게 된다는 것이다."

26 그때 내가 말했다. "당신의 추론을 생각해 보면, 더 진실하게 이야기할 수 없다고 생각이 듭니다. 그러나 만약 사람들의 의견을 생각해 본다면, 이를 믿기는커녕 들어 보기라도 해야겠다고 생각하는 이가 누가 있겠습니까?" 27 "그렇지. 그들은 어두움에 익숙해진 눈을 밝은 진리의 빛을 향해 들 수 없으며, 밤이 그 시야를 밝혀 주고 낮이 눈멀게 하는 새들과 같다. 왜냐하면 그들은 사물의 질서가 아니라 자신들의 감정을 들여다보면서, 죄악이 허용되거나 면책되는 것이 행복하다고 생각하기 때문이다.

28 그런데 생각해 보아라. 영원한 법칙이 무엇을 굳건하게 만드는지 말이다. 네가 마음을 더 나은 것들로 굳세게 한다 해 보자. 그렇다면 상을 주는 심판자는 필요가 없으며, 너 자신이 너를 가장 가치 있는 것들에 맡긴 것이다. 29 네가 관심을 더 못한 것들에 돌렸

다 해 보자. 그렇다면 바깥에서 너를 처벌하는 이를 찾지 마라. 너 자신이 너를 비천한 것들로 떠민 것이니 이는 마치 더러운 땅과 하늘을 번갈아 볼 때 바깥의 모든 것은 사라져 버리고 오직 보는 행위만으로도 때로는 진흙탕에 때로는 별들 속에 있는 것처럼 느껴지는 것과 같다. 30 그러나 저 대중은 이러한 것들에 신경 쓰지 않는다. 그렇다면 어떠냐. 우리가, 짐승들과 다를 바 없다는 것을 입증했던 그들과 닮아야 하는 것이냐? 31 어떠냐. 만약 누군가가 시력을 완전히 잃고 그 자신이 시력을 가졌다는 사실조차 잊고는 그 자신이 완벽한 인간으로서 부족함이 없다고 생각한다면 우리는 앞을 볼 수 있는 사람들이 그 눈먼 사람과 비슷하다고 생각할 수 있겠느냐? 32 대중은 다른 추론들 못지않게 확실한 요점에 의존하고 있는 추론, 즉 불의를 겪는 자들보다 불의를 행하는 자들이 더 불행하다는 사실조차 받아들이지 않을 것이다." "그 추론에 대해 듣고 싶습니다." 33 "너는 모든 악인이 처벌받아 마땅하다는 것을 부정하겠느냐?" "그럴 수 없습니다." 34 "사실 악한 자들은 여러 면에서 불행하다는 것이 명백하다." "그렇습니다." "그러면 처벌받아 마땅한 자들은 불행하다는 것을 너는 의심하지 않겠구나." "물론입니다." 35 "그렇다면 네가 배심원이라면 누가 처벌받아야 한다고 생각하겠느냐? 불의를 행한 자냐, 아니면 불의를 당한 자냐?" "의심할 바 없이 행하는 자가 고통을 겪어야 만족할 것 같습니다." 36 "그렇다면 네가 보기에는 불의를 행한 자가 불의를 당한 자보다 더 불행한 것이겠구나." "그렇게 결론이 나는군요." 37 "그러니 이 때문에, 그리고 악은 그 고유한 본성에 따라 사람을 불행하게 만든다는 저 뿌리 깊은 생각에 기댄 다른 이유들로 인해, 누군가에게 행해진 불의는 받은 자가 아니라 행한 자의 불행이라는 것이 명백해진다." 내가 말했다. "분명합니다." 38 "그런데 지금은 변호인들이 전혀 반대되는 일을 하고 있다. 즉 그들은, 동정심은 스스로 죄를 인정하는 사람들에게 주어지는 것이 더 정당한데도, 심각한 고초를 겪은 이들[25]을 위해서 배심원들의 동정심을 구하려 하고 있는 것이다. 오히려 그와 같이 죄를 인정하는 이들은, 분노하지 않고 오히려 호의적이고 동정하는 고소인들에 의해, 마치 죄라는 병을 처벌로 잘라내기 위해 병자가 의사에게 보내지듯이 법정으로 인도되어야 했다. 39 이렇게 되면, 변호인들의 일들은 완전히 쓸모없게 되어 버리거나 혹은 사람들에게 이익이 되고자 한다면 고소하는 입장으로 일을 바꾸게 될 것이다. 40 악한 자들 자신도, 만약 그들에게 남아 있는 덕을 틈새로 보는 것이 허락되고, 자신들이 처벌의 고통으로 악행의 더러움을 씻어 낼 수 있음을 안다면, 얻어야 할 좋음과 저울질한 뒤 처벌의 고통은 고통이 아니라고 여기고 변호인들의 일을 거부하고 자신을 완전히 고소인들과 배심원들에게 맡기게 되겠지. 41 따라서 지혜로운 자들에게는 미움을 위한 자리가 전혀 남아 있지 않게 되며―아주 어리석은 이가 아니라면 누가 선한 이들을 미워하겠느냐?―악한 자들을 미워할 이유가 없게 된다.[26] 42 즉 육체의 병처럼 악함이라는 것이 소위 정신의 병이라면, 우리는 몸이 아픈 이들이 미움이 아닌 동정을 받아야 마땅하다고 생각하기 때문에, 어

---

25 '누군가에게 행해진 불의는 받은 자가 아니라 행한 자의 불행'이라는 언급에서 '심각한 고초를 겪은 이들'은 불의를 행한 자들을 지칭한다는 사실을 알 수 있다.

26 심판하는 자는 미워함 없이 처벌해야 한다는 것이지 심판하지 않는다는 것은 아니다.

떤 병보다도 지독한 악함으로 인해 정신이 고통받는 자들은 비난
이 아니라 더 큰 동정을 받아야 하는 자들이다."

시 4

무엇이 그처럼 큰 소요를 일으키고
자신의 손으로 운명을 뒤흔들게 만드는가?
너희가 죽음을 구한다면 그는 몸소 다가오며
말들의 고삐를 스스로 당기지 않는다.
5   뱀과 사자와 호랑이와 곰, 그리고 멧돼지는 이빨을 번뜩이며
사람에게 달려들지만 사람들은 서로에게 칼을 들고 달려든다.
습속이 멀고 다르기에
불의의 군대와 잔인한 전쟁을 일으키며
서로의 무기에 죽기를 바라는 것인가?
10   어떤 이유도 이 잔혹함에 충분히 정당하지 않구나.
너는 합당한 이들에게 어울리는 것을 주고자 하는가.
사랑하라, 선한 이들을 정당하게, 동정하라, 악한 자들을 위해.[27]

---

27   이 행에서 보에티우스는 악한 자들은 이미 악행을 저지르는 순간 불행을 겪는 것이니 그
들을 동정해야 한다는 원리를 이야기 하고 있다.

산문 5

1 여기서 내가 말했다. "나는 선한 자들과 악한 자들이 마땅히 받아야 하는 것들 안에 있는 행복이나 불행이 어떤 것인지 알고 있습니다. **2** 하지만 다음과 같은 인간의 운명 자체에 선이나 악이 없는 것은 아니라고 생각합니다. 즉 지혜로운 자들 중 누구도, 자신의 도시에 살면서 재산으로 풍성하고 명예로 존경받으며 강한 힘으로 번성하기보다 추방당해서 재산을 잃고 이름 없이 되기를 바라지는 않으니 말입니다. **3** 사실 통치자들의 행복이 어떤 식으로든 곁에 있는 사람에게 옮겨 갈 때, 그리고 특히 감옥과 죽음, 법적인 처벌의 여타 고문들이, 심지어 그들 때문에 법률이 제정된 그 위험하기 짝이 없는 시민들에게 주어져야 할 때, 지혜가 무엇을 해야 하는지가 더 분명하고 명백하게 다루어집니다. **4** 그런데 왜 이러한 것들이 반대로 바뀌어서 죄에 대한 처벌은 선한 자들을 억누르고, 덕에 대한 보상은 악한 자들이 낚아채 가게 되었는지, 매우 놀라울 뿐입니다. 또한 그토록 부당한 혼란의 원인이라 여겨지는 것이 무엇인지 당신에게 배울 수 있기를 바랍니다. **5** 만약에 내가 운에 따른 우연으로 모든 것이 뒤죽박죽되었다고 믿었다면 놀랄 일이 거의 없었을 것입니다. 그런데 지금은 통치자 신께서 나의 놀라움을 키우고 계십니다. **6** 즉 그분은 자주 선한 자들에게 즐거운 것들을, 악한 이들에게 고난을 주시기도 하고 반대로 선한 이들에게 가혹한 일들을, 악한 이들에게는 그들이 바라는 것들을 허락해 주시니, 원인을 깨닫지 못한다면, 그것이 운에 따른 우연들과 달라 보일 이유가 무엇이겠습니까?" **7** 그러자 그녀가 말했다.

"만약 원리를 모른 채로, 어떤 질서가 우연적이고 혼란스럽다고 여긴다면 놀랄 일은 아니다. 하지만 네가 그토록 위대한 배치의 이유를 모른다 해도, 선한 통치자가 세상을 지배하고 있으니, 모든 것이 제대로 될 것이라는 것을 의심하지 마라."

시 5

누군가, 아르크투루스[28]의 별들이
하늘 가장 높은 곳에 가까이 미끄러져 간다는 것을 모른다면,
혹은 보오테스[29]가 떠오를 때는 아주 빠르면서
왜 천천히 큰곰자리를 따라잡으며
5   자신의 불길들을 늦게 바다에 담그는지 이유를 모른다면,
그는 높은 하늘의 법칙에 놀라게 될 것이라.
가득 찬 달의 뿔들이
어두운 밤의 그림자로 인해 빛을 잃고 창백해지기를,[30]
그리고 빛나는 얼굴로 숨겨 놓은
10   흩어진 별들을 포이베가 드러낼지어다.
공공연한 잘못이 사람들을 움직이고

---

28 Arcturus, 작은곰자리와 큰곰자리 사이의 별자리.
29 Bootes, 목자자리.
30 월식을 의미한다.

그들은 여러 번 때림으로 청동을 지치게 한다.[31]
누구도 코루스[32]의 바람이 큰 소리를 내는 파도와 더불어
바닷가를 때리는 것이나
추위로 다져진 단단한 눈덩이를   15
포이부스의 끓는 듯한 열기로 녹이는 것을 놀라워하지 않을지라.
여기서는 원인들을 알기 쉬우나
저기서는 숨은 것들이 마음을 혼란시키는구나.
세월은 이 모든 것을 드물게 끌어오며
갑작스러운 것들로 움직이기 쉬운 대중을 놀라게 하니   20
무지의 캄캄한 잘못은 사라지게 하고
놀라워 보이기를 멈추게 하라.

산문 6

1 "사실 그렇습니다." 내가 말했다. "하지만 숨어 있는 사물의 원인과 안개에 덮인 원리들을 보이는 것은 당신의 일입니다. 요청하건대 이 이상한 것이 나를 대단히 흔들어 놓고 있으니 이제부터 당신이 판단한 바를 이야기해 주십시오." 2 그러자 그녀는 잠시 웃으며 말했다. "너는 모든 것 가운데 가장 탐구하기 어려운 문

---

31 고대인들은 월식이 일어날 때 여러 쇠붙이들을 울리면 다시 달이 나온다고 믿었다고 한다. 리비우스, 《로마사》 14권 참조.
32 Corus. 북풍. 1권 주 25 참조.

제로 나를 초대하는구나. 그 문제에는 온 힘을 다 쏟아도 충분치 못하다. 3 그것은 하나의 의심이 끝나면 또 다른 수많은 의심들이 마치 히드라[33]의 머리들처럼 솟아나는 그러한 문제다. 그러니 살아 있는 정신의 불길로 제압하는 것 외엔 어떤 방법도 없다. 4 왜냐하면 이 문제에서는 섭리의 단일성[34]에 대한, 운명의 연결[35]에 대한, 갑작스러운 우연에 대한, 신의 인식과 예정에 대한, 그리고 판단의 자유에 대한 물음이 생기곤 하는데, 이것들이 얼마나 큰일인지는 너도 잘 알고 있겠지. 5 하지만 이것들을 아는 것 역시도 너를 치유하는 부분이니, 제한된 시간이 방해한다 해도 어느 정도는 생각해 봐야 할 것이다. 6 네가 가락이 붙은 시의 즐거움을 좋아한다 해도, 내가 논증을 순서대로 엮어 가는 동안에는 그 즐거움을 잠시 미뤄 두어야 한다." "좋으실 대로 해 주십시오."

7 그러자 그녀는 마치 다른 출발점에서 시작하듯이 이야기하기 시작했다. "모든 사물들의 탄생과 변화하는 자연의 모든 진보, 어떤 방식으로든 움직이는 것이라면 원인, 질서, 그리고 형상을 신의 정신의 항상성으로부터 얻는다. 8 이 항상성은 단일성이라는 성채 안에 놓인 것으로, 수행되어야 할 일들에 다양한 방식을 만들어 주었다. 그 방식이 신의 저 순수한 지성 안에서 인식될 때 그것은

---

33 아홉 개의 목을 가지고 있는 뱀으로, 레르나라는 곳에 살고 있다가 헤라클레스에게 죽임을 당하였다.

34 simplicitas, 단일성은 신의 특성이라는 점에서 신의 속성, 즉 섭리에까지 개념이 확장된다.

35 series, 연결은 스토아 철학에서 나오는 개념으로, 운명이 원하는 대로 연관되는 사건들의 연결을 의미한다.

섭리[36]라고 불리지만, 그 방식이 움직이고 배치하는 것들과 관련될 때 선조들은 그것을 운명이라고 불렀다.[37] **9** 섭리와 운명의 의미를 숙고해 본다면, 이 둘이 다르다는 것이 쉽게 분명해질 것이다. 즉 섭리란 모든 것의 가장 윗자리에 만들어진 신의 이치 자체로, 모든 것을 운용하는 것이요, 운명은 움직이는 것들에 붙어 있는 계획으로, 그 계획을 통해 섭리가 각각의 것들을 자신의 질서에 두는 것이다. **10** 즉 섭리는 모든 것이 아무리 다르고 아무리 무한하다 해도 그것들을 동일하게 포괄하지만 운명은 장소와 형태, 시간에 배정된 각각의 것들을 움직이게 만든다. 그래서 이러한 시간적인 질서의 전개가 신의 정신의 통찰과 하나가 되는 것이 섭리이며, 그 합치가 시간에 따라 나눠지고 전개되는 것이 운명이라 불리게 되는 것이다.

11 이것들이 서로 다르다 해도, 한쪽이 다른 한쪽에 매달려 있다. 즉 운명의 질서는 섭리의 단일성으로부터 나온다. **12** 이는 마치 장인이 그가 만들 물건의 형태를 머릿속에서 먼저 파악하고 작품을 만들기 시작하며 단일하고 즉각적으로 예측한 것을 시간순으로 행하는 것처럼, 그렇게 신은 만들어야 할 것들을 섭리를 통해 단일하고 항구적으로 배치하지만, 운명을 통해서는 그가 배치한 것들을 다양하게, 그리고 시간에 따라 조정하는 것이다. **13** 그러니 행해지는 모든 것의 부동의 단일한 형상이 섭리이며, 신의 단일성이 행해져야만 하는 것들로 배치한 바, 그것들의 움직이는 상

---

36 providentia, 예견을 뜻하는 praevidentia와 어원을 같이 한다. 후에 섭리를 동사형으로 사용하는 provideo가 나올 때는 '섭리하다'보다는 '미리 내다보다'로 옮겼다.
37 섭리와 운명의 구분은 신플라톤주의 철학에 의해서 이루어졌다.

태와 시간에 따른 질서가 운명이라는 것은 명백한 사실이다. 운명이 섭리에 복종하는 어떤 신의 영들을 따르든, 아니면 영혼이나 복종하는 전체 자연, 혹은 천체의 별들의 움직임이나 천사들의 덕이나 정령들이 만들어 내는 다양한 것들, 또는 이들 중 몇 가지, 혹은 이 모든 것에 의해 운명의 연쇄가 짜이든 간에 말이다.

14 따라서 운명에 지배되는 모든 것은, 운명 자체가 섭리의 지배하에 있으므로 섭리에 의해서도 지배되지만, 섭리 아래 있는 것들 중 어떤 것은 운명의 사슬을 넘어가기도 한다. 그것들은 최고의 신성에 가까우며 굳게 고정된 채로 운명의 운동 질서를 넘어서는 것들이다. 15 즉 동일한 축 주변으로 회전하는 원들 중에서 가장 안쪽에 있는 것은 단일한 중심축에 가까워서 축과 하나가 된 듯이, 바깥에 있는 원들이 그 주변을 도는 것처럼 보인다. 하지만 가장 바깥에서 큰 원을 그리며 도는 것은, 그것이 분할 불가능한 중심점으로부터 멀리 떨어질수록 더 넓은 공간으로 퍼져 나가게 된다. 하지만 만약 어떤 것이 저 중심점에 합쳐져 함께하게 되면 그것은 단일하게 되어서, 퍼져 나가고 흩어지기를 멈춘다. 이와 비슷한 원리로, 최고의 정신으로부터 멀리 떨어져 있는 것일수록, 더 큰 운명의 손아귀에 붙잡히고, 사물의 중심축에 가까이 갈수록 운명으로부터 그만큼 자유롭게 되는 것이다. 16 그것이 만약에 최고 정신의 굳건함에 붙어 있다면, 움직이지 않는 채로 운명의 필연성을 넘어서게 된다. 17 그러니 추론이 지성과 함께하고, 태어나는 것은 존재하는 것과 함께하며, 시간이 영원성과 함께하고, 원이 중심점과 함께하는 것처럼, 그렇게 움직이는 운명의 연결은 움직이지 않는 섭리의 단일성과 함께하게 되는 것이다. 18 저 연결은 하

늘과 별들을 움직이며 자신 안에 있는 원소들을 서로 조절하며 상호 간의 교환을 통해 모습을 바꾸고, 바로 그 연결이 열매와 씨앗의 성장과 비슷한 과정을 통해서, 생성되며 소멸하는 모든 것을 새롭게 만든다. **19** 이는 또한 인간의 행위와 운명을 분리되지 않는 원인들의 연결을 통해 묶으며, 그 원인들은 움직이지 않는 섭리로부터 시작하기 때문에, 그것들 자체도 불변한다는 것은 필연적인 일이다. **20** 만약 단일성이 신의 정신 안에 머무르면서 원인들의 변하지 않는 질서를 만들어 내고, 이 질서가 변화 가능하거나 우연히 흘러가게 되는 것들을 자신의 불변성으로 억제한다면, 사물들은 제대로 다스려지게 된다.

21 따라서 이 질서를 생각하기 어려운 너희에게는 모든 것이 혼란스럽고 뒤죽박죽인 것처럼 보인다 해도, 그 방식은 모든 것을 선으로 모아 배치하게 되는 것이다. **22** 즉 악한 자들이 악을 위해서 만들어 내는 것은 아무것도 없다. 악한 자들조차도 악을 위해서 뭔가를 하는 일은 없다. 아주 충분하게 증명되었듯, 선을 추구하는 그들을 사소한 잘못이 돌려세우는 것이며, 최고선의 중심축으로부터 시작되는 질서가 자신의 출발점에서부터 방향을 악한 쪽으로 틀 수는 없을 것이다. **23** 너는 아마도 묻겠지. '대체 어떤 혼란이 이러한 경우보다 더 부당하겠습니까? 선한 자들에게 때로는 적대적인 것들이, 때로는 호의적인 것들이 다가올 뿐만 아니라 악한 자들에게 때로는 원하는 것들이, 때로는 싫어하는 것들이 다가오는 이 경우보다 말입니다.' **24** 그러면 인간들은, 그들이 선한 사람 또는 악한 자들이라고 생각한 이들이 반드시 자신들이 생각한 대로일 정도로 완전한 정신을 가지고 살아가는 것이냐? **25** 그렇

지만 이 점에서 인간들의 판단은 상충하니, 어떤 이들이 상을 받아야 한다고 생각하는 자를 어떤 이들은 벌을 받아야 한다고 생각한다.

26 하지만 어떤 사람이 선한 자들과 악한 자들을 구별할 수 있다고 인정해 보자. 그러면 그는 마치 우리가 몸에 대해 말하곤 하듯이, 정신의 내면의 기질을 들여다볼 수 있을 것이냐? 27 어찌하여 건강한 몸을 가진 사람들 중에서 이 사람들에게는 단 것이, 저 사람들에게는 쓴 것이 맞는지, 어찌하여 아픈 사람들에게도 어떤 사람은 가벼운 처방으로, 어떤 사람은 강한 처방으로 도움을 받게 되는지 그 이유를 모르는 자에게는 놀라운 일과 다름없을 것이다. 28 그렇지만 건강 자체와 병의 양상과 성질을 파악하고 있는 의사는 놀라지 않는다. 29 어찌하여 정신의 건강은 선함과 다른 것으로, 왜 병은 악함과 다른 것이라 여겨지는가? 지배자이자 정신의 치유자인 신 외에 다른 누가 선한 자들의 보호자나 악한 자들의 추방자가 될 것이냐? 30 섭리라는 높은 자리에서 바라보는 신은 각각에게 무엇이 적절한지를 알고 적절하다고 생각한 바를 적용하신다. 31 여기에서 알지 못하는 자들에게는 놀라운 그 일들을 아는 자가 행할 때, 저 운명적인 질서의 굉장한 놀라움이 생겨나는 것이다.

32 즉 신의 깊이에 대해서, 인간 이성의 힘이 미치는 한에서 약간 건드려 본다면, 너에게는 아주 정의롭고 그만큼 신께 잘 복종하는 것으로 보이는 그 사람이, 모든 것을 알고 있는 섭리에게는 다르게 보일 것이다. 33 승리는 그 원인이 신들의 마음에, 패배는 그 원인이 카토의 마음에 든 것이라고 우리 친구인 루카누

182

스가 충고하였다.[38] 34 그러니까 희망하는 바와 다르게 행해진다고 여겨지는 것은 모두 사물들에는 올바른 질서이지만, 네가 생각하기에는 잘못된 혼란인 것이다. 35 하지만 신과 인간의 판단 어느 쪽에서 보더라도 인정받을 정도로 잘 갖춰진 자가 있다고 해 보자. 그렇지만 그가 영혼의 힘에 있어서는 약한 자라 생각해 보자. 그자는 어떤 일이 그의 뜻과 어긋나게 일어나는 경우, 아마도 그로 인해 운명을 지켜 낼 수가 없어 결백을 주장하기를 포기할 것이다. 36 그래서 지혜로운 신의 결정은, 불운으로 더 형편없게 될 수도 있는 그에게, 어울리지 않는 일을 힘들게 겪지 않도록 자비를 베푸는 것이다. 37 또한 모든 덕에 있어 완전하고 신성하여 신에 가까운 다른 이도 있다. 섭리는 이 사람이 몸의 병으로 고통받게 놔두지 않을 정도로 불행에 닿는 것이 부당하다고 판단한다. 38 즉 나보다도 훨씬 탁월한 어떤 이가 말하듯, '성스러운 이의 육체는 하늘이 만들었다.'[39]

39 그런데 사물들에 대한 최고의 권력이 선한 자들에게 주어지는 경우가 종종 있는데 이는 번성하는 악함을 약해지도록 하기 위함이다. 40 섭리는 정신의 질에 따라서 어떤 이들에게는 혼합된 것을 주기도 하며, 어떤 이들은 괴롭혀서 오랜 행운으로 방종하지 못하도록 하고, 또 어떤 이들은 시련으로 고통받게 놔두니, 이는

---

38 마르쿠스 안나이우스 루카누스(39~65년). 로마의 정치가, 시인이자 철학자. 세네카의 조카이다. 이 부분에서 보에티우스는 신과 인간의 판단에 큰 차이가 있음을 보여주기 위해 루카누스의 시구를 인용하였다. 여기서 나오는 카토는 소 카토로 로마의 공화정을 옹호하여 카이사르와 대적했던 인물이며 스토아 철학자였다.
39 희랍어 육각음보로 이루어진 이 문장이 누구의 것인지는 알려져 있지 않다.

정신의 덕을 인내하는 습관과 훈련으로 단단하게 만들기 위함이다. 41 어떤 이들은 견딜 수 있는 것을 마땅한 정도보다 더욱 두려워하기도 하고, 어떤 이들은 견딜 수 없는 것을 마땅한 정도보다 더 경멸하기도 한다. 섭리는 슬픔을 통하여 이런 자들이 스스로를 시험하도록 이끈다. 42 적지 않은 이들이 영광된 죽음을 대가로 시대를 초월하여 존경받을 이름을 얻었고, 어떤 이들은 처벌에 굴하지 않으며 덕은 악에게 패하지 않는다는 선례를 다른 이들에게 보여주었다. 그러한 일들이, 대단히 올바르고 제대로 그 일들을 겪은 것으로 보이는 사람들의 선으로부터 일어난다는 점은 의심할 여지가 없다. 43 즉 악한 자들에게 때로 슬픔이, 때로 바라던 일들이 생기는 것도 같은 이유로부터 추론된다. 44 그리고 슬픔에 대해서 누구도 놀라워하지 않는데, 왜냐하면 모두가 그들이 불행을 겪을 만하다고 여기기 때문이다. 사실 그들에 대한 처벌은 때로는 다른 사람들을 죄악으로부터 막아 주고, 때로는 처벌받는 그 자신들을 교화시켜 주기도 한다. 그런데 그들이 바라던 좋은 것들은 종종 악한 자들에게 복종한다고 판단할 만한 이런 식의 행운에 대해서 어떻게 생각해야 하는지에 대해, 중요한 논거를 선한 이들에게 보여준다. 45 이러한 일에 나는 다음과 같은 점이 적용된다고 생각한다. 즉 어떤 이의 본성은 대단히 성급하고 위험해서 집안의 빈곤은 그를 오히려 죄악을 범하도록 자극할 수 있을 정도이니, 섭리는 이자의 병을 재산의 축적이라는 약으로 치료하는 것이다. 46 이자는 추한 것들로 더러워진 양심을 들여다보면서 아마도 자신을 자신의 운명에 비추어보며, 즐거워야 할 그 누림이 슬픈 상실이 되지 않을까 두려워한다. 그래서 그는 행동 방식을 바꾸고 또한 운명을 잃어버릴까 두려워하는 동안에 악을 버리게 되는 것이다. **47** 부당하게 행해진 행운은 어떤 사람들을 그에 합당한 재앙으로 던져 버리기도 했다. 어떤 이들에게는 벌할 권리가 허락되기도 했는데, 이는 선한 이들에게는 단련의 이유가 되고 악한 자들에게는 처벌의 이유가 되도록 하기 위함이다. **48** 사실 선한 자들과 악한 자들 사이에 어떠한 조약도 없는 것처럼, 악한 자들은 서로 화합할 수 없는 법이다. **49** 어찌 아니겠느냐? 각각이 악행으로써 양심을 찢어발긴 그 자신들끼리 불화하고, 저지르고 나서는 해서는 안 되는 일이었다고 판단하는 그런 일들을 하는 경우라면 말이다.

50 이러한 점에서 저 최고의 섭리는 악한 자들이 악한 자들을 선하게 만드는 대단히 놀라운 결과를 내놓는다. **51** 즉 가장 악한 자들에게 부당한 일들을 당하고 있다고 여길 때, 그들은 스스로 증오하는 저들과 달라지려고 노력하면서, 악덕에 대한 증오로 불타 덕의 성취로 돌아오게 되는 것이다. **52** 악한 것들을 적절하게 사용함으로써 선의 결과물을 만들어 낼 때, 악한 것들도 선한 것이 되는 것은 오직 신의 힘 안에서만 가능하다. **53** 즉 질서가 모든 것을 포괄하여, 섭리의 왕국에서는 우연에게 허락되는 어떤 일도 없도록, 주어진 질서의 원리에서 벗어난 것은 그저 다른 질서로 미끄러지게 되는 것이다.

54 '허나 내가 이 모든 것을 신인 양 말하기는 어렵다.'[40]

55 왜냐하면 신의 작품의 모든 계획을 인간의 재주로 이해한다

---

40 호메로스, 《일리아스》 12권 176행.

거나 인간의 말로 설명하는 것은 당치 않은 일이기 때문이다.[41] 56 모든 자연의 창조주이신 신이 모든 것을 선을 위해 배정하고, 자신과 비슷하게 창조한 것들을 지키고자 하는 동안에 자신의 나라의 경계에서 모든 악을 필연이라는 운명의 연결을 통해 쫓아낸다는 점만 이해한 것으로도 충분할 것이다. 57 따라서 네가 만물을 배정하는 섭리를 본다면, 이 땅에 넘쳐난다고 생각되는 악은 어디에도 없다는 것을 알게 될 것이다. 58 하지만 나는 네가 이미 질문의 무게에 짓눌리고 추론의 긴 호흡으로 피곤해져서 달콤한 노래를 기다리고 있다는 것을 알고 있다. 그러니 이 마실 것을 받아라. 그것으로 다시 새로워져서 더 굳세게 다음으로 나아가도록.[42] "

시 6

네가 만약 저 높은 토난스[43]의 맹세를
깨끗하고 명료한 정신으로 이해하고자 한다면
드높은 하늘의 꼭대기를 바라보라.
거기에는 사물들의 정당한 약속에 따라

---

41 플라톤의 《티마이오스》 28c의 구절을 되새기고 있는 것으로 보인다.

42 《위안》의 시적 구성의 기능이 다시 한 번 언급되고 있는 구절이다. 여기서 시는 단순하게 즐거움만을 추구하는 것이 아니라, 인간의 정신이 무겁고 심각한 것으로 가득 차 있을 때 즐거움과 위안을 주는 기능을 한다. 즉 수사학적으로 볼 때 기쁘게 하기(delectare)의 기능은 가르치기(docere)의 기능과 뗄 수 없다는 점과 같다.

43 Tonans. 천둥의 신. 제우스의 별칭이기도 하다.

별들이 오랜 평화를 지키고 있으니.   5
붉은 불길로 타오르는 태양은
포이베의 차가운 마차를 막지 않으며
세상의 가장 높은 정점에서
빠른 길들을 도는 곰자리는
가라앉은 깊은 바다에 잠기지 않고   10
다른 별들이 잠기는 것을 보면서
오케아노스[44]에 불길이 젖기를 원치 않는다.
항상 시간의 올바른 변화들과 함께
베스페르[45]는 어두운 저녁을 알리고
루키페르[46]는 풍성한 새날을 이끌어 온다.   15
그렇게 영원한 순환을
서로의 사랑이 새롭게 하고, 그렇게 반짝이는 나라에서
전쟁과 불화는 쫓겨나는구나.
이 조화는 올바른 방식으로
여러 요소들을 조정하여, 싸우려 하는 습기는   20
변화를 통해 마른 것들에 자리를 내주고
찬 것들은 불길과 조약을 맺으며
매달려 있는 불길은 하늘로 솟구치고
무게 때문에 무거운 땅은 앉아 있구나.
이러한 원인들로부터 따뜻한 봄이 오면   25

---

44 Oceanos, 고대인들이 땅을 둘러싸고 있다고 생각했던 바다를 말한다.
45 Vesper, 초저녁의 금성.
46 새벽의 금성.

꽃을 가져오는 계절이 향기를 풍기고
뜨거운 여름은 곡식을 말리며
가을은 무거운 열매들과 함께 돌아오고
쏟아지는 비가 겨울을 적신다.
30 이 세상에서 삶을 숨 쉬는 것은 무엇이든,
이러한 계절이 키우고 낳으며
생겨난 것들을 마지막 죽음으로 덮어
빼앗아 감추고 없앤다.
높으신 지배자께서 그 사이에 앉아
35 사물들을 다스리며 고삐를 움직이시니
왕이며 주인이요, 원천이자 기원이며
법이자 현명한 정의의 중재자이며,
자신이 움직임을 통해 가도록 만든 것들을
다시 끌어다 앉히고 떠도는 것들을 고정시키신다.
40 만일 곧은 움직임들을 되가져다
다시금 구부려진 궤도에 넣으시지 않으신다면
지금은 변치 않는 질서가 붙들고 있는 것들이
자신의 원천으로부터 떨어져 나가 소멸될지라.
이것이 모든 것에 공통된 사랑이며
45 또한 그들은 선이라는 목적에 붙잡히고자 하는구나.
다시금 사랑을 되돌려
그들에게 존재를 주었던 원인으로 흘러 돌아가지 않으면
다른 식으로는 지속할 수 없을 것이니.

산문 7

1 "그러니 너는 내가 말했던 이 모든 것이 어떤 결론을 낼 것인지 이제 알겠느냐?" "무엇을 말입니까?" 2 "모든 운명은 분명 좋은 것임을 말이다." 그래서 내가 말했다. "어떻게 그렇게 될 수가 있습니까?" 3 "다음과 같은 점에 주의하여라. 모든 운명은 그것이 즐거운 것이든 쓰디쓴 것이든 때로는 선한 이들에게 보상을 주거나 그들을 단련시키기 위해서, 때로는 악한 이들을 벌하거나 교화시키기 위해서 주어지는 것이니, 정의롭거나 유익하다고 알려진 모든 운명은 좋은 것이다." 4 "너무도 참된 논증입니다. 당신이 조금 전에 가르쳐 주신 섭리나 운명을 생각해 보면, 그 생각은 확실한 힘에 기대고 있습니다. 5 하지만 이렇게 말하는 것이 괜찮다면, 그 생각은 당신이 조금 전에 믿기 힘든 것들로 제시하신 것들 가운데 포함되어야 할 것입니다." "어째서냐?" 6 "사람들은 일상적으로 자주 누군가의 운명이 나쁘다는 표현을 쓰기 때문입니다." 7 "그러면 너는 말하자면 인간의 용례와 너무 동떨어지지 않게 보이도록 좀 더 대중적인 표현에 가까워지기를 바라는 것이냐?" "좋으실 대로 해 주십시오." 8 "그러면 너는 이익이 되는 것이 선한 것이라고 생각하지 않느냐?" "그렇게 생각합니다." 9 "단련시키거나 교화시키는 그런 운명은 이익이 되는 것이지?" "인정합니다." "그러면 그것은 선한 것이지?" "어찌 아니겠습니까?" 10 "하지만 그런 운명은, 덕 안에 놓인 채 역경과 전쟁을 치르거나 악덕들로부터 떨어져서 덕의 길을 취한 자들의 것이다." "부정할 수 없습니다." 11 "선한 이들에게 보상으로 주어지는 즐거운 운명은 어떠냐?

대중이 그것을 나쁘다고 판단할까?" "절대 아닙니다. 사실이 그렇듯이, 대중은 그것 또한 가장 좋은 것이라 생각합니다." 12 "운명이 가혹하나 정당한 처벌로 악한 자들을 제재하는 다른 운명은 어떠하냐? 사람들이 좋다고 생각할까?" 13 "절대 아니지요. 생각할 수 있는 모든 것 중 가장 불행하다고 판단합니다." 14 "그러면 보아라. 사람들의 의견을 따라가면서 생각지도 못한 결론을 내린 것이 아니라는 점을 말이다." "무슨 말씀이십니까?" 15 "이미 동의한 사실들로부터, 덕을 소유하고 있거나 혹은 덕이 커지는 단계에 있거나 덕에 도달하려는 사람들의 모든 운명은 그것이 어떤 것이든 좋은 것이며 악함에 머무르는 사람들에게는 모든 운명이 끔찍하게 불행하다는 결론이 나온다." 16 "그건 사실입니다. 아무도 감히 인정하려 하진 않겠지만요." 17 "그러므로, 용감한 자가 전투 소리가 커질 때마다 불평하는 것이 적절하지 않듯이,[47] 마찬가지로 지혜로운 자는 운명의 전투로 이끌려 갈 때 괴롭게 견뎌서는 안 된다. 18 이 둘 중 용감한 자에게는 영광을 널리 퍼뜨리는 어려움이, 지혜로운 자에게는 지혜를 만들어 내는 어려움이 관건이기 때문이다. 19 심지어는 자신의 힘에 의존하며 역경에 굴복하지 않는다는 점에서 덕이라는 이름도 나온 것이다.[48] 사실 덕을 키워 가는 단계에 있는 너희는 사치로 방종하지 않고, 쾌락으로 시들지 않기 위해 여기까지 왔다. 20 너희는 온갖 운명과의 전쟁을 영혼과 함께 격렬하게 치르고 있으니 이는 슬픈 운명이 너희를 짓누르거나 즐거운 운명이

---

47 용감한 자는 전쟁 소리를 반겨야지 시끄럽다거나 하는 이유로 불평하지 않는다는 의미이다.

48 라틴어로 덕을 의미하는 virtus와 힘을 의미하는 vis의 어원이 같다는 이야기이다.

너희를 타락시키지 않도록 하기 위함이다. **21** 군건한 힘으로 중용을 지켜라. 아래에 머물러 있거나 위로 나아가는 것은 무엇이든 행운으로부터 경멸을 받을 뿐 고난의 보상을 받지 못하는 법이니까. **22** 왜냐하면 너희 스스로 어떠한 운명을 만들고자 하는지는 너희의 손에 달려 있으며, 역경으로 보이는 모든 운명은 단련이나 교화의 목적이 아니라면 처벌을 그 목적으로 하기 때문이다.”

시 7

오 년의 두 배 되는 시간 동안 전쟁을 수행한
복수자 아트레우스의 아들[49]은 프뤼기아[50]를 멸망시켜
형제[51]의 잃어버린 결혼[52]을 복수하였다.
그는 희랍의 함대가 항해하기를
바라며 피로 바람을 달래니,   5
아버지이기를 포기하고 슬픈 사제가 되어
딸의 죽음을 약속하는구나.[53]

---

49 트로이아 전쟁에서 희랍 진영 총사령관인 아가멤논.
50 소아시아 지방의 지명으로 여기서는 트로이아를 말한다.
51 아가멤논의 동생인 메넬라오스.
52 트로이아의 왕자 파리스가 메넬라오스의 부인이었던 헬레네를 데려가 자신의 부인으로 삼았던 사건을 의미한다.
53 아가멤논은 함대 출정의 징조가 좋지 않자 자신의 딸인 이피게네이아를 제물로 바쳐 신을 달랬다.

이타카 인[54]은 동료들을 잃고 탄식하였으니

커다란 동굴에 누운 괴물

10 폴뤼페무스[55]가 거대한 뱃속에 그들을 감추었다.

허나 그럼에도 눈이 멀어 미쳐 날뛰니

슬픔의 눈물이 기쁨으로 바뀌었구나.

험난한 고난이 헤라클레스를 축복하니,[56]

그는 오만한 켄타우로스들을 정복했고

15 사나운 사자의 가죽을 벗겨 냈으며

정확한 화살로 새들[57]을 맞추기도 하고

감시하는 용으로부터 사과[58]를 빼앗았으니

왼손을 황금으로 더 무겁게 한 채였고

케르베로스를 세 겹의 사슬로 묶어 놓았다.

20 이 승자는 포악한 군주를 잔혹한 네 마리 말들에게

먹잇감으로 주었다고 하지.[59]

히드라는 독이 모조리 타 버려 죽었고[60]

이마에 상처를 입은 강의 신 아켈로스는

54 오뒷세우스.

55 오뒷세우스가 트로이아 전쟁을 마친 후 방랑하던 중 만난 외눈의 괴물. 《오뒷세이아》 참조.

56 헤라클레스가 치렀던 열두 개의 고난을 말한다. 이후에 나오는 구절들은 그 열두 개의 고난이 어떤 것이었는지 보여준다.

57 아르카디아의 스튐팔로스 늪에 살던 식인 새들.

58 용이 지키고 있던 헤스페리데스의 황금 사과.

59 트라키아의 왕인 디오메데스의 말들로, 헤라클레스는 디오메데스를 이긴 후에 그를 말들의 먹이로 주었다.

60 레르나의 히드라. 머리를 자르면 다시 돋아났기 때문에 헤라클레스는 새로운 머리가 돋아나지 못하도록 자른 자리를 불로 지져 죽였다고 한다.

수치스러운 얼굴을 강둑 아래 숨겼다.[61]

리비아의 모래로 안타이오스를 덮었으며[62]   25

카쿠스는 에반데르의 분노를 풀어 주었고,[63]

높은 하늘이 억누를 어깨들에

수퇘지가 거품으로 자국을 내었다.[64]

마지막 고난으로, 굽히지 않는

목으로 하늘을 받쳤으며, 오히려   30

마지막 노고의 보상으로 하늘을 얻었구나.

용감한 이들이여, 이제 가라, 위대한 본보기의

높은 길이 인도하는 곳으로. 게으른 자들이여,

어찌하여 짐을 벗어던지는가?[65] 정복된 땅은

별들을 선물하는도다.   35

---

61 아켈로스는 황소로 변하여 헤라클레스와 싸웠으나 뿔이 부러져 패했다.

62 안타이오스는 포세이돈과 가이아의 아들로 땅에 닿아 있는 한 누구도 그를 이길 수 없었다. 이 때문에 헤라클레스는 그를 공중에 들어 죽였다고 한다.

63 카쿠스는 헤라클레스가 게뤼온의 소떼를 몰고 갈 때 몇 마리를 훔쳐 동굴로 끌고 갔으나 이를 알아차린 헤라클레스에게 죽임을 당하였다. 그 지역의 왕이었던 에반데르(희: 에반드로스)는 이전부터 주변 주민들을 공포에 떨게 하던 카쿠스를 죽인 헤라클레스를 환대하였다고 한다.

64 헤라클레스는 에뤼만토스 산의 멧돼지를 잡아 오라는 에우뤼스테우스의 명령을 받아 멧돼지를 생포하여 어깨에 메고 갔다고 한다. 이후 헤스페리스의 황금 사과를 따 오라는 명령을 받고 아틀라스에게 황금 사과를 따 달라고 부탁하며 아틀라스 대신에 하늘을 떠받치고 있었다.

65 terga nudatis. 직역하면 '등을 노출하는가?'이다. 여기서는 모든 의무를 내려놓는다는 의미로 쓰였다.

.

DE CONSOLATIONE

권

PHILOSOPHIAE

산문 1

1 그녀는 말을 마치고는 다른 것들을 다루고 해결하기 위해 이야기의 방향을 돌렸다. 2 그때 내가 말했다. "실로 당신의 권유는 올바르고 당신의 권위에 아주 합당합니다. 조금 전 당신이 섭리에 대한 문제가 다른 수많은 것들에 내포되어 있다고 말씀하셨던 바를 실제로 시험해 보고자 합니다. 3 즉 제가 묻고 싶은 것은 우연인 존재가 있는지, 있다면 어떤 것이라고 생각하시는지 하는 것입니다." 4 그러자 그녀가 말하였다. "나는 네게 한 약속의 빚을 갚고 조국으로 이끄는 길을 열어 주고자 서두르고 있다. 5 그런데 네가 말하는 것들은 앎에 있어 매우 유익하긴 하나, 우리 논증의 길에서 조금 벗어나므로 엇나간 길에서 지쳐서 올바른 길을 갈 수 없을까 걱정이 되는구나." 6 "그건 절대 염려하지 마십시오. 제가 가장 즐기는 것들을 알아 가는 것은 제게 휴식이 될 것입니다. 7 동시에 당신의 논변은 모든 부분이 의심할 수 없는 믿음으로 굳건하니 결론들 중 어느 것도 의심스럽지 않을 것입니다."

8 그러자 그녀가 말했다. "네가 원하는 대로 해 보겠다." 그러고는 이렇게 이야기를 시작했다. "만약 갑작스러운 움직임을 통해 그리고 어떠한 원인들의 연결 고리 없이 생겨난 결과를 우연이라고 정

---

1 이 논변은 스토아 학파에 의해 만들어졌다. 모든 사건들은 피해 갈 수 없는 일련의 원인들의 결과이며 그 원인들은 신의 존재에 의해 지배된다. 따라서 어떠한 일도 우연히 일어날 수 없고 우연이나 행운 역시 여러 원인들의 연결과 일치하여, 다시 말해 신의 섭리에 맞게 일어난다. 보에티우스는 이러한 스토아의 생각을 염두에 두고 있으나 신플라톤주의 입장에서 원인들의 연결이 시작되는 그 지점이 신에 의해 만들어졌음을 강조하고 있다.

의한다면 나는 우연이란 전혀 존재하지 않는다고 확신하며, 실제의 일을 보여주지도 못하는 완전히 공허한 말이라고 판단할 것이다. 신이 모든 것을 질서로 유지하는데, 어떠한 자리가 우연에게 남겨질 수 있겠느냐?[1] 9 어떤 것도 무에서 생겨나지 않는다는 것은 참된 생각이며, 그 생각에 옛 사람들 중 누구도 반대하지 않았다. 비록 그 생각이 저들에게는 창조 원리가 아니라 물질적인 바탕에 대한 것이긴 했지만, 그들은 이것을 자연에 대한 모든 추론의 기초로 설정했다.[2] 10 만약 어떤 것이 아무런 원인도 없이 생겨난다면 그것은 무로부터 생겨났다고 여겨질 것이다. 그런데 이런 일이 일어날 수 없다면 우리가 방금 정의한 그런 식의 우연도 있을 수 없다."

11 "그러면 어떻습니까. 우연이나 우이偶爾라 부르는 것이 적절할 수는 없는 건가요? 혹은 대중에게는 알려지지 않았으나 저 말에 적합한 뭔가가 있는 것일까요?" 12 "아리스토텔레스가 그것을 《자연학》에서 간략하고도 참에 가까운 원리로 정의하였다." "어떻게 말입니까?" 13 "어떤 것이 어떠한 일을 위해서 행해졌는데 원래 목적했던 바와는 다른 것이 어떤 원인들로부터 생겨날 때 우연이라고 한다. 이는 밭을 갈려고 땅을 파다가 깊이 묻힌 금덩어리를 발견하는 것과 같다.[3] 14 그렇다면 이 일은 우연하게 벌어진

2　이는 명백하게 에피쿠로스의 주장이다. 에피쿠로스의 언급은 인간 행위를 설명하고자 한 것이 아니라 사물이 존재하고 변화하는 바탕이 되는 물질적인 원인들을 찾고자 나온 것이었다. 따라서 이는 단지 물리적인 의미가 있을 뿐 윤리적·형이상학적인 의미를 담고 있지는 않다.
3　보에티우스는 아마도 《자연학》 2. 4~5를 언급하고 있는 듯하다. 하지만 여기서 사용된 예는 《자연학》이 아니라 《형이상학》 1025a 14에 등장한다.

일이라고 믿어지지만 실제로 무에서 생겨난 것은 아니다. 즉 그것은 그 자신의 원인들을 가지고 있으나, 그 원인들의 예기치 못하고 예상치 못한 조합이 우연을 만들어 낸 것처럼 보이는 것이다. 15 만약 밭을 경작하는 사람이 땅을 파지 않았다면, 금 주인이 그 자리에 금을 묻어 두지 않았다면, 금은 발견되지 않았을 테니 말이다. 16 그러니 이런 것들이 우연한 이익의 원인들이며 그일은 의도대로 행해져서가 아니라 여러 원인들이 만나고 합쳐짐으로써 생겨난 것이다. 17 즉 금을 묻은 자나 밭을 경작하는 자가 그 금이 발견될 것을 의도한 것이 아니라 내가 말한 것처럼, 어떤 사람이 금을 묻은 곳을 다른 사람이 파내는 일이 벌어지고 그러한 일들이 합쳐진 것이다. 18 그러니 우연이란 다른 목적으로 행해진 일들에 여러 원인들이 합쳐짐으로써 예기치 못한 일이 벌어지는 것이라고 정의할 수 있다. 19 원인들을 만나고 합쳐지게 만드는 것은 피할 수 없는 결합과 함께 진행되는 저 질서이며 질서는 섭리의 원천으로부터 흘러나와 모든 것을 제자리와 제때에 맞게 배치한다.”

시 1

아카이메니아 절벽의 바위[4]로부터, 그곳에서는
후퇴하던 전선이 뒤로 돌아 쫓아오던 자들의 가슴에 화살을 박아
넣었다지,[5]

티그리스와 에우프라테스가 하나의 원천으로부터 솟아 나와
곧 물을 갈라 흩어지는구나.
그들이 만나 다시금 하나의 줄기로 모이게 되면   5
서로 흐름의 물결을 모아 함께 흐르고
배들과 강물로 인해 찢겨진 나무줄기들이 모이니
한데 섞인 물결은 우연한 것들을 안고 있을 게다.
하지만 저 떠도는 우연들을 땅의 경사가,
소용돌이치며 떨어지는 흐름의 질서가 다스린다.   10
그렇게 정해진 방향으로 흘러가는 것처럼 보이는
우연은 굽이를 돌고 법칙에 따라 나아간다.

산문 2

1 "그것을 인식하고 있으며 당신의 말씀처럼 된다는 것에 동의합니다. 2 하지만 서로 얽혀 있는 이러한 일련의 원인들 안에 우리 의지의 자유가 있겠습니까? 아니면 인간 영혼의 움직임 자체를 운명의 사슬이 묶어 놓고 있는 것입니까?[6]" 3 "의지의 자유는 있으며 의지의 자유가 없는 이성적인 본성은 없을 것이다. 4 즉

---

4 파르티아의 산들을 일반적인 방식으로 지칭하는 것이다. 아카이메네스 왕조로부터 그 이름을 따온 것으로 보인다.
5 파르티아의 전형적인 전투 형태로 알려져 있다.
6 이는 원래 스토아의 개념이지만 신플라톤주의에 의해서 재해석되었다.

본성상 이성을 사용할 수 있는 것은 분별할 수 있는 판단을 가지고 있다. 그래서 스스로 피해야 하는 것이나 바라야 하는 것을 구별하게 되는 것이다. 5 실로 누구든 바라야 하는 것이라 판단한 것은 구하게 된다. 한편 피해야 한다고 어림한 것은 피하는 법이지. 6 그러므로 이성을 가진 존재에게는 원하고 원하지 않을 자유도 역시 있지만 모든 존재들에게 동일하다고는 할 수 없다. 7 즉 탁월한 신적 실체들[7]에게는 날카로운 판단과 침해되지 않는 의지와 원하는 것들을 즉각 행할 능력이 있다. 8 인간의 영혼들이 신적인 정신의 정관精簪 안에서 스스로를 보존할 때는 필연적으로 더 자유롭지만, 물질로 흩어지면 덜 자유롭게 되고, 땅에 속한 지체와 묶일 때는 더욱 자유롭지 못한 상태가 된다. 9 그리고 악덕에 내맡겨져 고유한 이성을 잃어버릴 때 마지막으로 노예 상태에 이르는 것이다. 10 즉 최고 진리의 빛으로부터 비천하고 어두운 것들로 눈을 돌릴 때, 이내 무지의 구름이 눈을 덮어 파괴적인 욕구들로 혼란스럽게 된다. 그러한 자들은 그 욕구들에 다가가 동화함으로써 자신들이 초래한 노예 상태를 좋아하게 되고, 자신의 자유로 인해 어떤 식으로든 사로잡히게 되는 것이다. 11 그럼에도, 섭리의 시선은 영원 안에서 이 모두를 내다보면서 인식하고 각각에 합당한 숙명을 배정한다."

---

7 기독교적인 관점에서 보면 이 실체가 어떤 것인지 분명하지 않다. 하지만 신플라톤주의의 관점에서 보면 신과 인간 사이에 수많은 신성의 단계가 있음을 보여주는 것이라 할 수 있다.

시 2

순수한 빛으로 광채를 내뿜는 포이부스는
모든 것을 보고 모든 것을 듣는다고[8]
호메로스는 꿀이 흐르는[9] 입술로 노래하지만,[10]
그럼에도 그는 땅의 깊숙한 곳들이나
바다의 저 밑바닥까지는   5
그 광채의 빛으로 꿰뚫을 수 없도다.
하지만 위대한 세상의 창조주는 다르니,
높은 곳에서 모든 것을 보시는 이분에게
어떤 땅덩어리도 저항하지 못하고
밤도 어두운 구름들로 막아서지 못한다.   10
있는 것들과 있었던 것들과 있을 것들을
정신의 일별─瞥[11]로도 아시는구나.
홀로 모든 것을 살피시니
그분을 참된 태양이라 말할 수 있으리.[12]

---

8 이 행은 원문에 희랍어로 기록되어 있다.
9 '꿀이 흐르는(mellifluus)'이라는 말은 호메로스가 네스토르에 대해서 서술할 때 쓴 표현으로 《일리아스》1권 248) 희랍어로 기록되어 있으며 여기서는 보에티우스가 호메로스에 대해 서술하면서 쓰고 있다.
10 호메로스,《일리아스》3권 277행.
11 uno mentis ictu, 직역하자면 '정신의 단 한 번 타격'이지만, 여기서는 정의채의 번역어를 빌려왔다.
12 라틴어로 태양(sol)의 어원이 혼자서(solus)이다. 바로(Varro),《라틴어Lingua latina》 5권 68.

산문 3

1 그때 내가 말했다. "아, 더 어려운 모호함으로 다시금 혼란스러워집니다." 2 "어떤 점이 모호하더냐? 물론 네가 무엇 때문에 혼란스러워하는지 이미 짐작은 하고 있다만." 3 "신이 모든 것을 미리 안다는 것과 자유의지가 있다는 것은 너무도 상반되고 모순되어 보입니다. 4 만약 신이 모든 것을 내다보고 어떤 식으로도 잘못할 수 없다면, 섭리가 내다보는 일은 필연적으로 일어나야 할 것입니다. 5 따라서 영원 안에서 단지 인간들의 행동뿐만 아니라 계획과 의지까지도 미리 알고 있다면, 의지의 자유란 없을 것입니다. 왜냐하면 절대 잘못할 수 없는 신의 섭리가 미리 알고 있는 바를 제외하고는 다른 어떤 행동도, 의지도 있을 수 없기 때문이지요. 6 만약 예견된 바와 다르게 바뀔 수 있다면, 미래에 대한 확실한 예견이 아니라 불확실한 의견이 있을 뿐인데, 신에 대해 이렇게 믿는 것은 부당하다고 생각합니다.

7 나는 어떤 이들이 이 문제의 매듭을 풀 수 있다고 보는 설명을 인정할 수 없습니다. 8 왜냐하면 그들은 어떤 일이 일어날 것으로 섭리가 내다봤기 때문에 그 일이 일어나는 것이 아니라, 오히려 반대로 뭔가가 일어날 것이기 때문에 그것이 신의 섭리에 알려질 수밖에 없으며, 이런 식으로 이 논리적 필연성은 다음과 같은 정반대의 의미에 이르게 된다고 말하기 때문입니다. 9 즉 예견되는 일들이 필연적으로 일어나는 것이 아니라 일어날 일들이 필연적으로 예견된다는 것입니다. 이는 말하자면, 어떤 일의 원인이 무엇인가, 즉 미래에 일어날 일들을 미리 아는 것이 필연성의 원인인

202

가, 아니면 미래에 일어날 일들의 필연성이 섭리의 원인인가 하는 문제를 다루는 것과 같습니다. 또한 다음과 같은 것을 우리가 입증하려 하지 않는 것과도 같습니다. 즉 미리 안다는 것이 일어날 일들에 일어나야 할 필연성을 부여하는 것으로 보이지 않는다 해도, 미리 알고 있는 일들이 일어나는 것은 필연적이라는 것을 말입니다.

10 말하자면, 누군가가 앉아 있다면 그가 앉아 있다고 추정하는 의견은 필연적으로 참된 것이며, 반대로 이번에는, 그는 앉아 있으니 그 사람이 앉아 있다는 의견이 참이라면 그가 앉아 있을 것이 필연적입니다. 11 그러니 양쪽 경우에 모두 필연성이 있어서, 이쪽에는 앉아 있다는 필연성, 다른 쪽에는 참이라는 필연성이 있게 됩니다. 12 하지만 의견이 참이기 때문에 어떤 사람이 앉아 있는 게 아니라 오히려 그가 앉아 있는 것이 선행하기 때문에 그 의견이 참이 됩니다. 13 따라서 참의 원인이 한쪽 편에서 나온다 해도 필연성은 양쪽 모두에 공통으로 있게 되는 것입니다.

14 섭리와 일어날 일들에 대해서도 비슷하게 추론할 수 있습니다. 즉 일어날 일들이기 때문에 예견되는 것이지 예견되기 때문에 일어나는 것은 아니라 해도, 일어날 일들이 신에 의해 예견되거나, 신에 의해 예견된 일이 예견되었기 때문에 일어나는 것은 필연적입니다. 의지의 자유를 부정하기 위해서는 그것만으로도 충분합니다. 15 실로 시간에 속한 사물들의 결과가 영원한 예지의 원인이라고 말한다면 얼마나 앞뒤가 뒤집힌 것인지요! 16 그런데 앞으로 일어날 것이기 때문에 신이 미래의 것들을 예견한다고 생각한다면, 예전에 일어났던 것들이 저 최고 예견[13]의 원인이라고 생

각하는 것과 무엇이 다르겠습니까? **17** 게다가 내가 뭔가가 있다는 것을 알 때 그것이 있다는 것은 필연적인 것처럼, 그렇게 내가 뭔가가 일어날 것을 알았을 때 그것이 일어날 것임은 필연적인 일입니다. 그러니 예지된 일이 일어나는 것은 피할 수 없는 일이 되는 것입니다. **18** 마지막으로 만약 누군가가 어떤 것을 사실과 다르게 평가한다면, 그것은 앎이 아닐 뿐만 아니라 참된 앎과 거리가 먼 거짓 의견일 뿐입니다. **19** 그러니 만약 뭔가가, 그것이 일어난다는 것이 확실하지만 필연적이지는 않을 정도로 그렇게 일어날 것이라면, 그것이 일어날 것이라는 사실을 누가 미리 알 수 있겠습니까? **20** 앎 자체는 거짓됨과 섞이지 않는 것이니, 그런 식으로 앎에 의해 파악된 내용은 파악된 사물과 다를 수가 없습니다. **21** 사실 앎이 거짓을 가지지 않는 이유는, 앎은 사물을 있는 그대로 파악하고 있는 것이니, 그렇게 각각의 일이 있는 그대로 존재하는 것이 필연적이기 때문입니다.

22 그러면 신은 이러한 불확실한 앞으로의 것들을 어떻게 미리 아는 것입니까? **23** 즉 만약에 일어나지 않을 가능성도 있는 것을 불가피하게 일어날 것이라 신이 생각한다면, 이는 신이 속는 것입니다. 이렇게 생각하는 것도, 입 밖으로 내는 것도 모두 불경한 일이긴 합니다. **24** 하지만 만약에 현재 그러하듯, 어떤 일이 일어날 가능성과 일어나지 않을 가능성이 똑같다는 걸 알고 있을 때, 그 일들이 일어날 것이라 판단한다면, 아무것도 확실하고 굳건하게 파악하지 못하는 이 예지가 도대체 무엇이란 말입니까? **25** 혹은 이

---

13   summa providentia, 가장 상위의 예견을 말한다.

것이 '내가 말할 모든 것이, 일어날까, 일어나지 않을까? 내가 말하는 것은 무엇이든 일어나거나 일어나지 않을 것이네'[14]라던 저 테이레시아스[15]의 우스꽝스러운 예언과 무엇이 다르겠습니까?

26 게다가 만약 신이 그 결과가 불확실한 것들을 인간들처럼 불확실하게 판단한다면, 신의 예견이 인간의 의견보다 무엇이 앞서겠습니까? 27 하지만 만약 모든 사물들의 가장 확실한 저 원천 앞에서 어떤 불확실함도 있을 수 없다면, 그가 미래에 일어날 것을 분명하게 미리 알고 있는 그것들이 일어난다는 것은 확실할 것입니다.

28 따라서 인간의 계획과 행동들에는 어떤 자유도 없습니다. 신의 정신은 거짓됨의 오류 없이 그 모든 계획과 행동들을 앞서 내다보면서 하나의 결과로 묶고 제한하니 말입니다. 29 일단 그것을 인정하면 결과적으로 인간사에 얼마나 큰 재앙이 따라올지는 명백합니다. 30 왜냐하면 선한 이들과 악한 이들에게 상이나 벌을 주는 것이 헛된 일이기 때문입니다. 그러한 상벌을 받을 만한 자유롭고 의지에 따르는 영혼들의 어떠한 움직임도 없으니 말입니다. 31 또한 지금은 대단히 정당하다고 판단되는, 악한 자들이 벌을 받는다거나 선한 자들이 상을 받는 일이 모든 것 중에서 가장 부당한 일로 여겨질 것입니다. 스스로의 의지가 그처럼 선하고 악한 쪽으로 그들을 보내는 것이 아니라 미래에 일어날 일의 확실한 필연성이 그리 가도록 강제하는 것이기 때문입니다. 32 그러니 악덕이나 미덕이 누군가에게 있는 게 아니라, 오히려 모든 가치들

---

14 호라티우스의 《풍자시》 2권 5. 59에서 테이레시아스가 저승에 있는 울릭세스(오뒷세우스)에게 건네는 말이다.
15 남자와 여자의 몸으로 모두 살아 본, 눈먼 희랍 예언자로 유명하다.

의 뒤섞이고 구분할 수 없는 혼란만이 있을 것입니다. 사물의 모든 질서가 예견으로부터 나오고 인간의 계획에는 아무것도 허용되지 않으니 우리의 악행들도 역시 모든 선의 주인에게 돌리는 일이 벌어진다면, 그보다 더 잘못되었다 생각할 수 있는 것은 없습니다. 33 그러니 뭔가를 희망하고 어떤 일이 일어나지 않기를 간청할[16] 이유도 없습니다. 즉 변하지 않는 흐름이 바라야 하는 모든 것을 연결하고 있다면, 누가 뭔가를 바랄 것이며 어떤 일이 일어나지 않기를 기도하기까지 하겠습니까?

34 따라서 사람들과 신 사이에 저 유일한 왕래, 즉 희망하고 간청하는 일은 사라졌을 것입니다. 이는 만약 자신을 낮추는 행위의 대가로 신의 호의라는 헤아릴 수 없는 보답을 받을 수 있다면, 저 왕래가 신과 인간이 대화할 수 있으며 사람들이 탄원하면서 저 접근할 수 없는 빛에—그 빛을 얻기 전[17]이라도—닿을 수 있다고 여겨지는 유일한 방법입니다. 35 그런데 앞으로 일어날 일들의 필연성이 인정된 후에 저 희망하고 간청하는 행위는 아무런 힘도 갖지 못한다고 여겨진다면, 사물들의 저 최고 지도자에게 우리가 연결되고 붙어 있을 수 있는 방법이 무엇이겠습니까? 36 그러므로 당신이 조금 전에 노래했던 바와 같이, 자신의 원천으로부터 멀어지고 단절된 인간 종이 약해지는 것은 필연적인 일일 것입니다."

---

16 기도는 보통 좋은 일이 일어나기를 희망하고 나쁜 일은 일어나지 않기를 간청하는 두 종류로 이루어진다. 이 때문에 보에티우스는 희망과 간청을 계속해서 한 쌍으로 사용하고 있다.

17 죽어서 그 빛에 도달하기 전이라는 의미이다.

시 3

어떤 불화의 원인이 사물들의 약속을
깨는 것입니까? 어떤 신이 두 개의 진리[18]에
그토록 큰 전쟁을 일으켜
각각이 따로는 굳건하게 자리를 지키지만
섞이게 되면 묶이기를 거부할까요?   5
아니면 참된 것들에는 어떤 불화도 없고
항상 서로 간에 굳게 붙어 있지만
정신이 눈먼 지체로 가려져
억눌린 빛의 불길로는
사물들의 미묘한 결합을 알아볼 수 없는 것인지요?   10
하지만 어찌하여 진리의 감추어진 흔적들을
찾으려는 큰 욕망으로 불타는 것입니까?
알고자 애쓰면서 구하는 것을 이미 알고 있는 것일까요?
허나 누가 알려진 것들을 알려고 공을 들일까요?
그렇지만 만약 모른다면 왜 눈먼 채로 구하겠습니까?   15
누가 어떤 것을 모르면서 원할 수 있으며
누가 모르는 것들을 좇을 수 있으며
어디서 찾을 수 있을까요? 누가 그가 찾은
모습을 모르면서 알 수 있을까요?
아니면, 드높은 정신을 인식할 적에,   20

---

18 두 개의 진리란 의지의 자유와 신의 예견을 말한다.

전체와 각각의 부분들을 똑같이 알았을까요?

이제 지체라는 구름으로 가려져 있지만

자신을 완전히 잊지는 않아서

각각의 것들은 잃어버리면서도 전체를 유지하고 있습니다.

25 그러니 진실한 것들을 찾는 자는

이 둘 중 어느 쪽에도 속하지 않는 법. 알지 못하고

그럼에도 모든 것을 완전히 모르지는 않지만

유지하고 기억하는 그 전체를,

높은 곳에서 보았던 것들을 떠올리며 회상하여

30 보존된 것들에 잊혀진 부분을

더할 수 있을 것입니다.

산문 4

1 내 노래가 끝나자 그녀가 말했다. "섭리에 대한 이 논쟁은 아주 오래된 것으로, 마르쿠스 툴리우스[19]가 신성을 분류하면서 진지하게 다루었고 너 자신도 오랫동안 깊이 탐구하였다. 하지만 지금껏 너희 누구도 충분히 면밀하고 견실하게 해결하지 못했지. 2 그 불분명함의 이유는 인간의 추론 작용이 신의 예지의 단일성에 이를 수 없기 때문이다. 그 단일성을 어떤 식으로든 이해할 수 있다면 모호함은 사라질 것이다. 3 먼저 네가 동요하고 있는 것들을 가늠해 본 다음 마지막에 이 문제를 명확히 하고 해결해 보겠다. 4 나

는 이것을 묻고 싶구나. 예지가 일어날 일들의 필연적인 원인이 아니기 때문에 의지의 자유를 방해하지 않는다고 보는 그 해결 논리가 왜 유효하지 않다고 생각하는 것이냐? 5 너는 일어날 일들의 필연성에 대한 논증을, 예지된 것들이 일어나지 않을 수 없다는 것 말고 다른 데서 끌어오지는 않겠지? 6 그렇다면, 네가 조금 전에도 이야기했던 대로, 예지가 일어날 일들에 아무런 필연성도 부여하지 못한다면, 사물들의 의지의 결과가 결국 특정한 방향으로만 가게 되는 이유는 무엇이냐?

7 논증을 위해서, 어떤 결과가 나오는지 네가 알 수 있도록, 예지가 없다고 가정해 보자. 8 이 가정에 따르면, 의지의 자유로 생겨나는 일들은 필연성에 의해 강제되는 것이냐?" "아닙니다." 9 "다시, 이번에는 예지가 있지만 어떤 필연성도 사물들에게 부여하지 않는다고 가정해 보자. 내 생각으로는 동일한 의지의 자유가 온전히, 절대적으로 남아 있을 것이다. 10 하지만 너는 이렇게 말하겠지. '예지가 미래에 일어날 일들의 필연성이 아니라 해도, 그것들이 필연적으로 일어날 것이라는 표지는 되는 것입니다.' 11 그러면 이런 식으로, 예지가 없었다 해도 일어날 일들의 결과가 필연적이라는 것은 확실한 것이다. 왜냐하면 모든 표지는 그것이 무엇인지를 보여줄 뿐이지 그것이 가리키는 바를 만들어 내는 것은 아니기 때문이다. 12 따라서 예지가 이 필연성의 표지임이 분명해지기 위해서는 어떤 것도 필연성에서 나오지 않는 것은 없다는 것이 먼저 증명되어야 할 것이다. 그렇지 않고 만약 이 필연성이 없다

---

19 키케로가 《신성에 대하여》에서 다뤘던 내용을 가리킨다.

면, 예지 또한 존재하지 않는 것의 표지가 될 수는 없겠지. **13** 사실 근거가 확실한 논증은 표지나 외부에서 찾은 논증으로부터가 아니라 적절하고 필연적인 원인들로부터 도출되어야 함이 분명하다.

14 하지만 일어날 것으로 예견되는 일들이 일어나지 않는 것이 어떻게 있을 수 있겠느냐? 섭리가 일어날 것이라 예지한 일들이 일어나지 않을 거라 생각해 보자. 또한 일어난다 하더라도 그 필연성의 본성이 그러했다고는 생각하지 말자. **15** 여기서 다음과 같은 것을 쉽게 생각할 수 있을 것이다. 우리는 많은 일들이 일어나는 동안에 그것들이 눈앞에 펼쳐지는 것을 본다. 이를테면 마차를 몰고 방향을 바꿀 때 우리에게 보이는 마부들의 행동이나 그와 비슷한 다른 일들 말이다. **16** 그러면 저런 일들은 그렇게 되도록 어떤 필연성이 강제하는 것일까?" "아닙니다. 왜냐하면 만약 모든 것이 강제되어 움직이는 것이라면, 기술을 수행하는 것이란 헛된 것일 테니 말입니다." **17** "그렇다면 생겨날 때 존재의 필연성을 결여한 것들은 생겨나기 전에도 필연성 없이 앞으로 일어나게 될 것들이다. **18** 따라서 어떤 것들은 그 결과가 모든 필연성으로부터 자유로우면서 일어나게 될 것들이다. **19** 나는 누군가가 지금 일어나는 일들이 일어나기 전에는 일어날 일들이 아니었다고 말할 거라 생각하지는 않는다. 그러므로 이와 같이 예지된 것들도 자유로운 결과를 갖게 되는 것이다. **20** 왜냐하면 현존하는 사물들에 대한 앎이 현재 일어나는 일들에게 어떤 필연성도 부여하지 않듯이, 앞으로 일어날 일들에 대한 예지도 앞으로 일어날 일들에게 어떠한 필연성도 부여하지 않기 때문이다. **21** 하지만 너는 필연적인 결과를

갖지 않는 일들이 무슨 예지가 있을 수 있는지 의심스럽다고 말하고 있다. 22 이는 실로 모순된 것으로 보이며 너는, 만약 예견된다면 필연성을 따르고, 필연성이 없다면 예지되지 않으며, 확실한 것이 아니면 어떤 것도 앎에 의해 파악될 수 없다고 생각하고 있다. 23 그런데 너는 만약에 결과가 불확실한 것들이 마치 확실한 것처럼 예견된다면, 그것은 의견의 불분명함이지 앎의 진리가 아니라고 생각하는 것이다. 왜냐하면 실제와 다르게 판단하는 것은 앎의 완전성과 거리가 멀다고 믿고 있기 때문이다. 24 그렇게 잘못 생각하는 이유는 알고 있는 모든 것이 오직 인식되는 것들 자체의 힘과 본성에 의해 인식된다고 생각하기 때문이다.[20] 25 사실 완전히 반대다. 인식되는 것은 모두 그 자신의 힘이 아니라 인식하는 자의 능력에 따라 파악되기 때문이다. 26 다음과 같은 간단한 예로 분명해질 텐데, 둥근 물체 하나를 두고 시각과 촉각은 다르게 인식한다. 시각은 멀리서 시선을 보냄으로써 전체를 동시에 바라보지만 촉각은 구체와 접촉하고 그 둥근 표면 주위를 움직이면서 부분으로써 구체를 파악하게 되는 것이다.

27 또한 인간 자체도 감각과 심상, 이성과 이지理智[21]가 서로 다르게 관찰한다. 28 즉 감각은 기초를 이루는 질료로 만들어진 형체를, 심상은 질료 없이 오직 형체만을 판단한다. 29 이성은 이 형체를 넘어서서 각각의 것들에 내재한 종 자체를 보편적인 숙고

---

20 이 부분에서부터 철학은 보에티우스가 제기한 문제에 대해 답을 하고 있다.
21   순서대로 라틴어 sensus, imaginatio, ratio, intellegentia. 이 중 이성과 구별되는 이지 는 앎의 가장 상위 단계를 가리킨다. 이 앎은 추론에 의해 생기는 것이 아니라 직관적으로 생겨난다.

를 통해 고찰한다. 30 이지의 눈은 더 높은 곳에 있다. 이는 보편
성의 영역을 넘어서서 저 단일한 형상 자체를 정신의 순수한 시선
으로 통찰하는 것이다. 31 여기서 특히 다음과 같은 것을 고려해
야 한다. 즉 더 높은 단계의 파악 능력은 더 낮은 것을 포괄하지만
더 낮은 단계의 것은 더 높은 단계로 절대 이르지 못한다. 32 말
하자면, 감각은 질료를 넘어서는 것에는 힘을 발휘할 수 없고 심
상은 보편적인 종을 통찰하지 못하며 이성은 단일한 형상을 포착
하지 못하지만, 이지는 마치 저 위에서 내려다보는 것처럼 형상을
파악한 후에 감각이나 심상, 이성은 알 수 없었던 형상 자체를 파
악하는 방식으로 아래에 있는 모든 것 역시 구별한다. 33 즉 이지
는 이성의 보편성과 심상의 형체와 감각적 질료성을 모두 알게 되
며, 이는 이성도 심상도 감각도 사용하지 않고 오직 정신의 일별
만으로,[22] 말하자면 형상에 기반하여 모든 것을 내다보면서 행하
는 것이다. 34 이성도 보편적인 뭔가에 관심을 가질 때, 심상이나
감각들을 사용하지 않고서 심상된 것들과 감각된 것들을 파악한
다. 35 왜냐하면 이성이란 보편적 개념을 다음처럼 정의하는 것이
기 때문이다. '인간은 두 발을 가진 이성적 동물이다.' 36 이것이
보편적인 개념이라 해도 그것이 심상적이며 감각적인 것이라는
것을 모르는 사람은 없다. 그런데 이성은 그것을 심상이나 감각이
아니라 이성적인 개념 안에서 고찰한다. 37 심상 또한 형체를 바
라보고 형상화시키는 출발점은 감각으로부터 취하고 있다고 해
도, 감각이 없이도 심상적인 판단 방법으로 감각적인 것들을 개관

---

22   이는 신이 뭔가를 볼 때 행하는 방식이다. 시 2의 12행 참조.

한다. 38 그러니 모든 것을 인식할 때 인식되는 대상의 능력이 아니라 자신의 능력을 사용한다는 것을 이제 알겠느냐? 39 또한 이는 부당하지 않다. 즉 모든 판단은 판단자의 행위로 나타나기 때문에, 누구든 자신의 행위를 다른 것의 능력이 아니라 자신의 능력으로 수행하는 것은 필연적인 일이니 말이다."

시 4[23]

한때 포르티쿠스[24]가 배출했던
너무도 몽매한 노인들은,
감각과 심상이
바깥의 물체들로부터
정신에 새겨지는 것이라 생각하였지.   5
이는 마치 옛날 빠른 철필로
아무 표시도 없는
평평한 나뭇잎에

---

23 이 시는 인식과 관련한 스토아 철학의 이론을 반박하는 내용을 담고 있다. 엄격한 감각주의자였던 스토아 철학자들은 정신 혹은 영혼이 육체에 닿기 이전의 것을 인식할 수 있다는 생각을 거부하고, 소위 백지(tabula rasa)처럼 감각들이 그 안에 다양한 인식들을 새겨넣는다고 생각했다. 반면 이 시에서는 정신이 오직 감각에 의해서만 외부의 것을 알 수 있는 것이 아니라 그 안에 내재해 있는 심상을 바깥에서 감각된 것과 조합하여 인식한다고 말한다.
24 porticus, 주랑을 뜻하며, 여기에서는 스토아의 창시자인 제논이 강의 장소로 사용했던 스토아 포이킬레(stoa poikile)를 가리킨다.

글자들을 새겨 넣곤 했던 것과 같았으니.

10   허나 살아 있는 정신이 고유한
      움직임으로 아무것도 설명하지 못한다면,
      물체의 표지 아래 종속되어
      단지 수동적으로 놓여
      마치 거울처럼 사물들의
15   공허한 모습들만을 비춘다면,
      모든 것을 판별하는 이 인식은
      정신 안 어디에서부터 그렇게 힘을 발휘하는 것인가?
      어떤 힘이 각각을 통찰하는 것이며
      어떤 힘이 인식된 것들을 분류하는 것인가?
20   어떤 힘이 나누어진 것들을 다시 모으고
      여러 길을 번갈아 달리면서
      때로는 최고의 것들 사이에 머리를 놓고
      때로는 저 아래로 내려가며
      때로는 스스로에게 돌아오면서
25   참된 것들로 거짓들을 밝혀내는가?
      이 정신은 효과적이며
      훨씬 더 강력한 원인으로서
      단지 질료들에 새겨진
      표지들을 받아들이기만 하는 것이 아니로다.
30   하지만 정신의 힘들을 자극하고
      움직이면서 앞서 나아가는 것이 있으니
      살아 있는 육체에 있는 격정이요,

빛이 눈을 때리고
소리가 귀로 기어들 때와 같구나.
그때 자극된 정신의 활기는,   35
내부의 심상들을
그와 유사한 움직임 쪽으로 불러
바깥의 표지들에 덧붙이고
안쪽에 숨겨진
형상에 심상을 섞는다.   40

산문 5

1 "그런데 만약 물체를 인식할 때, 외부에서 주어진 성질들이 감각 기관들에 영향을 준다 해도, 또한 물체의 수동적 상태가 정신 작용의 힘보다 앞선다 하더라도(그 수동적 상태는 자신 안에 있는 정신 작용을 자극하여 그동안 내부에 잠들어 있던 형상들을 깨우는 것이다만), 만일 물체를 인식함에 있어 정신이 물체의 수동적 상태에 의해 구별되는 것이 아니라 자신의 힘으로 물체에 속한 수동적 상태를 판단하는 것이라 한다면, 물체의 모든 영향들로부터 벗어난 것들은 판단을 할 때 외부에서 주어진 것들을 따르지 않고 정신 자체의 작용을 얼마나 더 자유롭게 해주겠느냐. 2 이 원리에 따라 여러 인식들이 서로 다른 다양한 실체들에 주어졌다. 3 바다의 조개나 바위에 붙어 자라는 것들처럼 움직이지 않는 생물에겐 오직

감각만 있고 다른 모든 종류의 인식은 없다. 그런데 심상은 움직이는 동물들에게 있으며 그들에게는 피하고 구하는 감정이 있는 것으로 보인다. **4** 하지만 이성은 오직 인간 종에게만 있으니 이는 마치 이지가 오직 신에게만 있는 것과 같다. 그 자신의 본성상 자신의 것만이 아니라 다른 개념에 속한 것들까지도 알고 있는 개념이 여타의 것들보다 더 뛰어난 것이다.

5 그렇다면 만약에 감각과 심상이, 이성이 자신이 본다고 생각하는 보편적인 것은 없다고 이야기하면서 추론에 반대한다면 어떨까? **6** 즉 감각 가능하거나 심상 가능한 것은 보편적일 수 없다고 반대한다면 말이다. 그러니까 이성의 판단이 옳고 따라서 감각 가능한 것은 아무것도 없다고 하거나 혹은 많은 것들이 감각과 심상에 속해 있다는 것을 이성 자신도 알고 있으니 감각 가능하고 개체적인 것을 소위 보편적인 어떤 것으로 여기는 이성의 생각은 공허하다고 반대한다면 말이다. **7** 이에 대해 이성은, 그 자신은 감각 가능한 것과 심상 가능한 것을 보편의 이성으로 바라볼 수 있으나, 감각과 심상은 개념이 물체적인 형체를 넘어갈 수가 없기 때문에 보편의 인식에 다가갈 수가 없으며 또한 사물들의 인식에 대한 더 굳건하고 더 완벽한 판단을 믿어야 한다고 반론할 것이다. 심상하고 감각하는 힘만이 아니라 추론하는 힘이 내재한 우리는 이런 논쟁에서 이성의 편임을 선언해야 하지 않겠느냐? **8** 인간의 이성이 신의 이지가 그 자신이 알고 있는 것 외에는 무슨 일이 일어날 것인지 파악하지 못한다고 생각하는 것도 이와 비슷한 일이다. **9** 즉 너는 다음과 같이 추론하고 있다. 만일 어떤 것들이 확실하고 필연적인 결과를 갖지 못한 것으로 보인다면, 그것들이 확실

하게 일어날 것이라 예지될 수는 없다. **10** 그러니 이 사물들에 대한 예지는 없다. 만약 우리가 이것들에도 예지가 있다고 믿는다면 필연적으로 일어나지 않는 것은 아무것도 없을 것이다. **11** 따라서 심상과 감각이 이성 뒤에 와야 한다고 우리가 판단했듯이, 만약 우리가 이성을 분유分有하듯 신의 정신의 판단을 가질 수 있었다면, 신의 정신 아래 인간의 이성을 놓는 것이 매우 정당한 것이라 생각했을 것이다. **12** 그러므로 우리는 저 최고 이지의 가능한 한 가장 높은 곳으로 올려질 것이며, 분명 거기서 이성은 자신 안에서 볼 수 없는 것을 보게 될 것이다. 다시 말해 확실하고 명확한 예지가 어떤 식으로 확실한 결과를 갖지 못한 것들까지도 볼 수 있는지를, 그리고 예지는 하나의 의견이 아니라 오히려 어떠한 한계에도 갇혀 있지 않은 최고 앎의 단일성임을 알게 될 것이다.”

시 5

이 땅에서 살아 있는 것들은 얼마나 다양한 모습을 하고 있는지!
어떤 것들은 쭉 뻗은 몸을 하고서 먼지를 쓸고 다니며
가슴의 힘으로 빠르게, 이어진 밭고랑을 펴고,
종잡을 수 없는 날개의 가벼움을 가진 것들은 바람을 때리면서
고요한 날갯짓으로 창공의 넓은 공간을 유영하며,   5
어떤 것들은 땅에 발자국을 남기며 다니거나
푸른 들판을 지나거나 숲으로 드나들기를 즐긴다.

이 모든 것이 여러 모습으로 다양함을 네가 볼 수 있다 해도,

그들의 아래로 향한 머리는 감각을 무디게 만든다.

10   오직 인간 종족만이 고귀한 머리를 더 높이 들고

꼿꼿한 몸으로 가벼이 서서 땅을 내려다본다.

지상에 속하여 어리석은 짓을 하지 않는다면, 이 모습이 너를 가르칠 것이니,

얼굴을 들어 하늘을 구하고, 이마를 내보이는 너는

마음 또한 높이 들어올려, 낮은 곳으로 무거워진

15   정신이, 높이 올려진 몸보다 아래로 가라앉지 않게 하라.[25]

산문 6

1 "방금 증명되었듯이 우리가 알게 되는 모든 것은 자체의 본성이 아닌 파악하는 자의 본성에 따라 인식되는 것이니, 이제 허락되는 데까지 신의 실체의 조건이 무엇인지 살펴보자. 그리하여 신의 앎이 어떠한 것인지 우리가 알 수 있도록 말이다. 2 그러니까 신이 영원하다는 것은 이성을 가지고 살아가는 모든 것의 공통된 판단이다. 3 그렇다면 영원성이 무엇인지 생각해 보자. 이것이 우리에

---

25   로마 제정기의 도덕론에서 널리 퍼진 토포스 중 하나이다. 모든 동물들은 자신들이 관심을 가지고 있는 땅과 먹이에 시선을 두고 바닥을 보고 다니지만, 인간만은 자신의 존엄을 증명할 운명을 타고나서 직립보행하며 그 덕분에 시선을 하늘로 돌릴 수 있게 되었다는 설명이다.

게 신의 본성과 신의 앎을 분명하게 해 줄 것이기 때문이다. 4 영원성은 삶 전체를 완전하게 영원히 소유하는[26] 것으로, 시간에 속하는 것들과 비교할 때 더 명확해진다. 5 즉 무엇이든 시간 안에 살고 있는 것은 현재에 있으면서 과거에서 미래로 나아간다. 시간 안에서 만들어진 어떤 것도 자신의 삶 전체를 동시에 한꺼번에 포괄할 수 없다. 내일의 것은 아직 잡지 못하고 어제의 것은 이미 잃어버린 것이다. 오늘의 삶에서도 저 움직이며 지나가는 순간보다 더 넓게 살지 못한다. 6 그러므로 시간의 조건 속에 존속하는 것은, 설사 그것이 존재하기 시작한 적도 없고 끝나지도 않으며 그 삶이 무한한 시간 속으로 뻗어나간다 해도―아리스토텔레스는 이 세계가 그러하다고 생각했다[27]―그것을 영원함이라고 믿는 것은 옳지 않다. 7 왜냐하면 무한한 삶이라 해도 그 전체 영역을 동시에 파악하고 포괄하지 못하기 때문이다. 즉 미래의 것은 아직 갖지 못하고 지나가 버린 것은 이미 갖고 있지 못하다. 8 따라서 끝이 없는 삶의 충만함 전체를 동시에 파악하고 소유하는 것, 즉 어떠한 미래도 부재하지 않고 어떠한 과거도 흘러가 버리지 않는 바로 그것이 영원함이라 할 수 있다. 영원한 것은 자신의 주인으로서 필연적으로 항상 자신에 대해 현존하며, 무한히 움직이는 시간을 현재로 가지고 있는 것이다.

9 그러므로 플라톤이 이 세상은 시간상의 시작도 없었고 끝도 없을 것으로 여겼다는 이야기를 듣고서, 창조된 세상이 그와 같은

---

26 이 정의는 플로티노스의 《엔네아데스》 3권 7, 3에 나온다.

27 아리스토텔레스, 《하늘에 대하여De caelo》 283b 26 참조. 사실 이 생각은 플라톤의 생각이기도 했다. 다만 플라톤은 《티마이오스》 28b에서 은유적으로 이 내용을 다루고 있다.

방식으로 창조주와 영원히 공존한다고 생각하는 사람들은 틀린 것이다. 10 왜냐하면 어떤 것이 끝없는 삶을 통해 존속하는 것(플라톤은 이 세계의 속성이 그렇다고 보았다)과, 끝없는 삶의 모든 현재를 한꺼번에 동시에 포괄하는 것(이것은 완전히 명백하게 신의 정신에 고유한 것이다)은 다르기 때문이다. 11 또한 신은 시간의 길이가 아니라 고유하게 가지고 있는 단일한 본성[28]에 의해, 피조물들보다 먼저라고 여겨져야만 한다. 12 즉 움직이지 않는 삶의 이러한 현재적 상태를, 시간에 속한 사물들의 저 무한한 운동이 모방하지만,[29] 그것을 재현하고 동일하게 될 수 없기 때문에, 부동성에서 운동으로 떨어지고, 현재의 단일성에서 미래와 과거의 무한한 양(量)으로 축소된다.[30] 또한 모방하는 현재는 삶의 충만함 전체를 동시에 소유할 수 없다 해도, 어떤 식으로든 존재하기를 포기하지 않는다는 바로 그 이유로, 자신을 이러한 작고 빠른 순간이라는 현재에 묶으면서 자신이 채우고 재현할 수 없는 지속하는 현재를 어

---

28 신의 본성에서 핵심적이며 본질적인 부분이 단일성(simplicitas)이라는 것은 이미 여러 번 언급되었다.

29 플라톤의 《티마이오스》 37c에서 다음과 같은 구절을 찾아볼 수 있다. "그는 움직이는 어떤 영원의 모상을 만들 생각을 하고서, 천구에 질서를 잡아줌과 동시에, 단일성 속에 머물러 있는 영원의 [모상], 수에 따라 진행되는 영구적인 모상을 만들게 되는데, 이것이 바로 우리가 시간이라 이름 지은 것입니다."(박종현·김영균 역)

30 영원하고 현재적인 신의 상태 안에서는 생성, 소멸이라는 운동이 있을 수가 없다. 따라서 "있었다"라거나 "있을 것이다"라는 과거와 미래 역시 신 안에서는 존재할 수가 없는 것이다. 이 때문에 신은 부동성을 속성으로 가지지만 그 신을 모방하는 사물들은 시간에 속해 있기 때문에 부동성을 가지지 못한 채 운동할 수밖에 없다. 또한 영원하고 현재적인 신에 비해, 사물들에는 생성과 소멸을 통해 계속해서 과거와 미래가 나타나기 때문에 과거와 미래의 양은 무한하나, 신은 생성이나 소멸 없이 단일한 현재만을 지속하게 된다. 이와 관련해서는 플라톤의 《티마이오스》 37d~38a를 참조.

느 정도 모방하는 것으로 여겨진다. 이처럼 모방하는 현재는, 끝없이 지속하는 저 현재의 어떤 모상을 가지고 있기 때문에, 그것이 어디에 나타나든 간에 실제로 존재하는 것처럼 보이는 결과를 낳는다. 13 하지만 이 모방하는 현재는 끝없이 지속할 수가 없기 때문에 시간의 무한한 여정을 붙잡았으며, 그러한 방식으로 지속함을 통해 그 충만함을 포괄할 수 없었던 그 삶을, 지나감을 통해 계속하게 되었다. 14 따라서 만약 우리가 이러한 일들에 합당한 이름을 붙이고자 한다면, 플라톤을 따라서, 신은 영원하나 세상은 계속된다고 말해야 할 것이다.

15 모든 판단은 스스로의 본성에 따라서 자신에게 주어진 것들을 이해하는데, 신의 상태는 항상 영원하고 현재적이기 때문에, 그 앎 또한 시간의 모든 움직임을 넘어서서 신의 고유한 현재의 단일성 안에 머무르며 과거와 미래의 무한한 공간을 포괄하면서 마치 지금 행해지는 것처럼, 앎 자체의 단일한 인식 안에서 모든 것을 고찰하게 된다. 16 그래서 만약에 네가, 신이 모든 것을 식별하는 예견에 대해 생각하고자 한다면 그것은 소위 미래에 대한 예지가 아니라, 절대 없어지지 않는 항상성에 대한 앎이라고 헤아리는 것이 올바를 것이다. 17 그러므로 예견이 아니라 섭리라 불리는 편이 낫다. 왜냐하면 저 가장 낮은 것들로부터 멀리 떨어져, 이를테면 사물들의 가장 높은 정점에서 모든 것을 내다보기 때문이다.[31] 18 사

---

31 '섭리'는 라틴어 providentia의 번역어로 원래 '앞을 본다'는 의미를 가지고 있으며 '내다본다' 역시 원래 '앞을 본다'는 의미의 라틴어 prospicere의 번역어이기 때문에 이와 같은 내용이 나오게 된다. 여기에는 앞서 언급했듯이 providentia가 일반적으로 신과 관련되면 섭리라고 번역되기 때문에 생긴 어려움이 있다.

람들도 그들이 보고 있는 것들이 필연적이 되도록 만들지 않는 상황에서 너는 어찌 신의 시선에 의해 관찰된 것들이 필연적인 것들이 되기를 요구하는 것이냐? 19 네가 현재의 것들이라고 인식하고 있는 것들에게 너의 시선이 어떤 필연성을 덧붙여 주느냐?" "아닙니다." 20 "그리고 만약 신의 현재와 인간의 현재를 비교해도 된다면 너희가 너희의 시간에 속하는 현재 안에서 어떤 것을 보는 것처럼, 그렇게 신은 자신의 영원한 현재 안에서 모든 것을 인식하는 것이다. 21 따라서 이러한 신의 예지는 사물들의 본성과 고유성을 변화시키지 않고, 시간 안에서 언젠가 미래의 것들로 일어날, 그러한 현재의 것들을 바라보는 것이다. 22 또한 신은 사물들에 대한 판단을 혼란스러워하지 않고 정신의 한 번 바라봄을 통해서 필연적으로 일어날 것들과 필연성 없이 일어날 것들을 구별하는데, 이는 마치 너희가 땅에서 사람이 걸어가는 것과 하늘에 태양이 떠오르는 것을 동시에 볼 때, 양쪽을 함께 보면서도 저것은 의지에 속하는 것이며 이것은 필연에 속하는 것이라 판단하는 것과 마찬가지이다. 23 그러니 그런 식으로 모든 것을 내려다보는 신의 시선은, 자신 앞에서는 현재의 것이지만 시간의 조건에서는 미래의 것인 사물들의 성질을 전혀 혼동하지 않는다. 24 따라서 신은 무엇이 생겨날지를 알고 있기 때문에, 그것이 존재의 필연성을 결여하고 있다는 것을 신이 인식하고 있다는 것은 의견이 아니라 오히려 진리에 기댄 앎이 되는 것이다.

25 여기서 네가, 신이 일어날 것을 아는 일은 일어나지 않을 수 없으며, 일어나지 않을 수 없는 일은 필연성으로 인해 일어난다고 말하고, 나를 이 필연성이라는 이름으로 끌어간다면, 나는 그것이

…머무르는 것이고, 모든 필연성으로부터 벗어난 의지…을 부여하는 저 법도는 부당한 것이 아니다. **45** 게다가 …지하는 신은 위에서 내려다보는 관찰자로 머무르며, …는 그 시선의 영원성은 선한 이들에게는 상을, 악한 …벌을 주면서 우리 행위의 미래의 성질과 함께 가게 된… 신에게 드리는 희망과 간청은 헛된 것이 아니며 그것…다면 효력이 없을 수 없다. **47** 그러니 너희는 악덕들… 덕을 키워라. 올바른 희망으로 정신을 들어올리고, 저… 몸을 낮춰 간청을 드려라. **48** 너희가 모든 것을 꿰뚫… 관의 눈앞에서 행동할 때—너희가 못 본 척하려고만 …—너희에게는 올바름이라는 커다란 필연성이 부과되…
"

아주 확실한 진리와 관련된 일이라는 것은 인정하겠지만, 신만을 탐구하는 자가 아니라면 거의 누구도 거기까지는 가지 않을 것이다. **26** 실로 나는 어떤 한 가지 미래의 것이 신의 개념과 관련될 때는 필연성이지만, 그 자체의 본성에서 고찰될 때에는 분명 자유롭고 제약이 없는 것으로 여겨진다고 대답할 것이다. **27** 그런데 필연성은 두 가지이다. 하나는 순수한 것으로 모든 인간이 죽는다는 것은 필연적이라는 것이 그러하다. 다른 하나는 조건적인 것으로 이를테면 만약 네가 누군가가 걸어간다는 것을 안다면, 그가 걸어간다는 것은 필연적이라고 하는 것과 같다. **28** 왜냐하면 누군가가 알고 있는 어떤 일이 알려진 것과 다를 수는 없기 때문이다. 그런데 이 조건적인 필연성은 저 순수한 필연성을 내포하지 않는다. **29** 이 필연성은 고유한 본성이 아니라 조건이 덧붙여져 만들어 낸 것이기 때문이다. 즉 어떠한 필연성도 의지를 가지고 걸어가는 자에게 가도록 강요하지 못한다. 설사 그자가 걸어갈 때, 걸어가는 것이 필연적이라 해도 말이다. **30** 그러므로 그와 같은 방식으로 만약 섭리가 어떤 것을 현재적인 것으로 본다면, 비록 그것이 본성상 어떤 필연성도 없다고 해도 그것이 있다는 것은 필연적이다.[32]

31 그런데 신은, 의지의 자유로부터 나오는 저 미래의 것들을 현재의 것들로 보고 있는 것이다. 따라서 이것들이 신의 시선에 들어오면 신의 인식으로 인해 만들어진 조건을 통해서는 필연적인 것들이 되지만, 스스로 고찰될 때는 고유한 본성의 절대적 자유를

---

32 신의 섭리는 조건적 필연성 안에서 가능한 미래를 이미 현재처럼 생각하고 있다는 것이다.

포기하지 않는다.[33] **32** 그러므로 신이 일어날 것이라고 예지하는 모든 것은 의심할 바 없이 일어날 것이다. 하지만 그들 중 어떤 것들은 자유로운 의지로부터 나오는 것들이며, 그 일들이 일어난다 해도, 그 일들이 일어남으로써 고유한 본성을 잃어버리지는 않는데, 그 본성 때문에 그 일들이 일어나기 전까지는 일어나지 않을 수도 있었던 것이다. **33** 그러니 신의 앎으로부터 생겨난 조건 때문에 모든 양상에서 필연성과 유사한 것이 생긴다면, 그것들이 필연적이지 않다는 것이 무슨 문제가 되겠느냐? **34** 조금 전에 내가 제시했던 것들로, 태양이 떠오르고 인간이 걸어가는 일이 생기는 동안에는 그 일들이 생기지 않을 수는 없지만, 그 중 하나는 그 일이 일어나기 전부터 그렇게 되는 것이 필연적이었으나 다른 하나는 그렇지 않다. **35** 그런 식으로 신이 현재의 것들로 가지고 있는 것들은 의심할 바 없이 일어날 것이지만, 그것들 중 전자는 사물들의 필연성으로부터 생겨나는 반면, 후자는 행하는 자의 능력[34]으로부터 나타나는 것이다. **36** 그러니 우리가 다음과 같이 말해도 부당한 것은 아니다. 만약 이것들이 신의 인식과 관련되어 있다면 필연적인 것들이며, 그 자체로 고찰되는 것이라면 필연성의 강제에서 벗어난다고 말이다. 이는 마치 감각을 통해 알게 되는 모든 것을 네가 이성과 관련시키면 보편적인 것이 되고, 그 자체에 주의를 기울이면, 개별적인 것이 되는 것과 같다.

---

33 또한 이렇게 스스로 고찰된 것들은 의지의 자유 때문에 단순하고 내적인 필연성을 통해서는 필연적이 되지 않는다.

34 여기서 말하는 능력(potestas)은 자신에게 속한 것을 스스로 통제할 수 있는 능력을 뜻한다. 이런 의미는 보통 로마법에서 이 단어가 쓰이는 경우에 자주 나타난다.

37 너는 이렇게 말할 것이다. 수 있는 일이라면, 섭리가 예을 테니, 나는 섭리를 쓸모없 **38** 그러면 나는 대답하겠지. 섭리의 현재적 진리는 네가 어떻게 바꿀 것인지까지도 수는 없을 것이라고. 이는 미위들을 하도록 만들 수 있없는 것과 같다고. **39** 그러떻습니까? 내가 계획을 다즉 내가 때로는 이것, 때로는리를 바꿀 것으로 보입니다.일보다 앞서는 것이며 미래바꾸어 불러내는 것이다. 무럼 때로는 이것, 때로는 저일별을 통해 스스로는 지속화들을 포괄한다. **41** 신은 를, 미래에 일어날 일들의로부터 가져온다. **42** 따라결된다. 즉 만약 우리의 미야기한다면 그것은 부당한현재적인 인식으로 모든 것를 정해 주지만 이후에 생때문이다. **44** 그러므로 필

지의 자유에 상과 별모든 것을항상 현재이들에게는다. **46** 또한들이 올바을 거부하높은 곳으어보는 심하지 않으어 있느니

아주 확실한 진리와 관련된 일이라는 것은 인정하겠지만, 신만을 탐구하는 자가 아니라면 거의 누구도 거기까지는 가지 않을 것이다. 26 실로 나는 어떤 한 가지 미래의 것이 신의 개념과 관련될 때는 필연성이지만, 그 자체의 본성에서 고찰될 때에는 분명 자유롭고 제약이 없는 것으로 여겨진다고 대답할 것이다. 27 그런데 필연성은 두 가지이다. 하나는 순수한 것으로 모든 인간이 죽는다는 것은 필연적이라는 것이 그러하다. 다른 하나는 조건적인 것으로 이를테면 만약 네가 누군가가 걸어간다는 것을 안다면, 그가 걸어간다는 것은 필연적이라고 하는 것과 같다. 28 왜냐하면 누군가가 알고 있는 어떤 일이 알려진 것과 다를 수는 없기 때문이다. 그런데 이 조건인 필연성은 저 순수한 필연성을 내포하지 않는다. 29 이 필연성은 고유한 본성이 아니라 조건이 덧붙여져 만들어 낸 것이기 때문이다. 즉 어떠한 필연성도 의지를 가지고 걸어가는 자에게 가도록 강요하지 못한다. 설사 그자가 걸어갈 때, 걸어가는 것이 필연적이라 해도 말이다. 30 그러므로 그와 같은 방식으로 만약 섭리가 어떤 것을 현재적인 것으로 본다면, 비록 그것이 본성상 어떤 필연성도 없다고 해도 그것이 있다는 것은 필연적이다.[32]

31 그런데 신은, 의지의 자유로부터 나오는 저 미래의 것들을 현재의 것들로 보고 있는 것이다. 따라서 이것들이 신의 시선에 들어오며 신의 인식으로 인해 만들어진 조건을 통해서는 필연적인 것들이 되지만, 스스로 고찰될 때는 고유한 본성의 절대적 자유를

---

32 신의 섭리는 조건적 필연성 안에서 가능한 미래를 이미 현재처럼 생각하고 있다는 것이다.

포기하지 않는다.[33] **32** 그러므로 신이 일어날 것이라고 예지하는 모든 것은 의심할 바 없이 일어날 것이다. 하지만 그들 중 어떤 것들은 자유로운 의지로부터 나오는 것들이며, 그 일들이 일어난다 해도, 그 일들이 일어남으로써 고유한 본성을 잃어버리지는 않는데, 그 본성 때문에 그 일들이 일어나기 전까지는 일어나지 않을 수도 있었던 것이다. **33** 그러니 신의 앎으로부터 생겨난 조건 때문에 모든 양상에서 필연성과 유사한 것이 생긴다면, 그것들이 필연적이지 않다는 것이 무슨 문제가 되겠느냐? **34** 조금 전에 내가 제시했던 것들로, 태양이 떠오르고 인간이 걸어가는 일이 생기는 동안에는 그 일들이 생기지 않을 수는 없지만, 그 중 하나는 그 일이 일어나기 전부터 그렇게 되는 것이 필연적이었으나 다른 하나는 그렇지 않다. **35** 그런 식으로 신이 현재의 것들로 가지고 있는 것들은 의심할 바 없이 일어날 것이지만, 그것들 중 전자는 사물들의 필연성으로부터 생겨나는 반면, 후자는 행하는 자의 능력[34]으로부터 나타나는 것이다. **36** 그러니 우리가 다음과 같이 말해도 부당한 것은 아니다. 만약 이것들이 신의 인식과 관련되어 있다면 필연적인 것들이며, 그 자체로 고찰되는 것이라면 필연성의 강제에서 벗어난다고 말이다. 이는 마치 감각을 통해 알게 되는 모든 것을 네가 이성과 관련시키면 보편적인 것이 되고, 그 자체에 주의를 기울이면, 개별적인 것이 되는 것과 같다.

---

33 또한 이렇게 스스로 고찰된 것들은 의지의 자유 때문에 단순하고 내적인 필연성을 통해서는 필연적이 되지 않는다.

34 여기서 말하는 능력(potestas)은 자신에게 속한 것을 스스로 통제할 수 있는 능력을 뜻한다. 이런 의미는 보통 로마법에서 이 단어가 쓰이는 경우에 자주 나타난다.

37 너는 이렇게 말할 것이다. '하지만 계획을 바꾸는 것이 내가 할 수 있는 일이라면, 섭리가 예지하는 것들을 아마 내가 바꿀 수 있을 테니, 나는 섭리를 쓸모없는 것으로 만들 수 있을 것입니다.' 38 그러면 나는 대답하겠지. 너는 분명 계획을 바꿀 수는 있지만 섭리의 현재적 진리는 네가 할 수 있다는 것도, 네가 할 것인지도, 어떻게 바꿀 것인지까지도 보고 있기 때문에, 신의 예지를 피할 수는 없을 것이라고. 이는 마치 네가 자유의지로 너를 다양한 행위들을 하도록 만들 수는 있지만, 현재하는 눈의 시선을 피할 수 없는 것과 같다고. 39 그러면 너는 이렇게 말할 것이다. '이건 어떻습니까? 내가 계획을 다르게 배치하면 신의 앎도 바뀌겠지요? 즉 내가 때로는 이것, 때로는 저것을 원할 때, 신의 앎도 앎의 자리를 바꿀 것으로 보입니다.' 아니다. 40 신의 시선은 모든 일어날 일보다 앞서는 것이며 미래의 일을 자신의 고유한 앎인 현재로 바꾸어 불러내는 것이다. 또한 신의 시선은 네가 생각하는 것처럼 때로는 이것, 때로는 저것을 예지에 맞게 바꾸는 것이 아니라, 일별을 통해 스스로는 지속하면서 너의 변화들보다 앞서고 그 변화들을 포괄한다. 41 신은 모든 것을 이해하고 바라보는 저 현재를, 미래에 일어날 일들의 결과로부터가 아니라 고유한 단일성으로부터 가져온다. 42 따라서 조금 전에 네가 제기했던 물음도 해결된다. 즉 만약 우리의 미래가 신의 앎에 원인을 제공한다고 이야기한다면 그것은 부당한 일이라고 했던 것 말이다. 43 왜냐하면 현재적인 인식으로 모든 것을 포괄하는 앎의 힘은 모든 것에 한계를 정해 주지만 이후에 생기는 일들에 대해서는 어떤 의무도 없기 때문이다. 44 그러므로 필멸하는 존재들에게는 손상되지 않는 의

지의 자유가 머무르는 것이고, 모든 필연성으로부터 벗어난 의지에 상과 벌을 부여하는 저 법도는 부당한 것이 아니다. **45** 게다가 모든 것을 예지하는 신은 위에서 내려다보는 관찰자로 머무르며, 항상 현재하는 그 시선의 영원성은 선한 이들에게는 상을, 악한 이들에게는 벌을 주면서 우리 행위의 미래의 성질과 함께 가게 된다. **46** 또한 신에게 드리는 희망과 간청은 헛된 것이 아니며 그것들이 올바르다면 효력이 없을 수 없다. **47** 그러니 너희는 악덕들을 거부하고 덕을 키워라. 올바른 희망으로 정신을 들어올리고, 저 높은 곳으로 몸을 낮춰 간청을 드려라. **48** 너희가 모든 것을 꿰뚫어보는 심판관의 눈앞에서 행동할 때―너희가 못 본 척하려고만 하지 않으면―너희에게는 올바름이라는 커다란 필연성이 부과되어 있느니라."

철학의 위안

De consolatione philosophiae

초판 1쇄 발행 | 2014년 8월 1일
초판 5쇄 발행 | 2024년 12월 13일

지은이 | 보에티우스
옮긴이 | 이세운
펴낸이 | 이은성
펴낸곳 | 필로소픽
편 집 | 구윤희
디자인 | 윤혜림

주소 | 서울시 종로구 창덕궁길 29-38, 4-5층
전화 | (02) 883-9774
팩스 | (02) 883-3496
이메일 | philosophik@naver.com
등록번호 | 제2021-000133호

ISBN 978-89-98045-56-2 03160

필로소픽은 푸른커뮤니케이션의 출판브랜드입니다.